KB211863

신학이 무슨 소용이냐고 묻는 이들에게

What's the Point of Theology?
by Alister McGrath

Copyright © Alister McGrath 2022
All rights reserved.
This translation of What's the Point of Theology? first published in 2022 is published by
arrangement with The Society for Promoting Christian Knowledge, London, England, UK.
License arranged through rMaeng2, Seoul, Republic of Korea.

This Korean translation edition © 2022 by Poiema, an imprint of Gimm-Young Publishers,
Inc., Seoul, Republic of Korea

이 한국어판의 저작권은 알맹2 에이전시를 통하여 The Society for Promoting Christian Know-
ledge와 독점 계약한 포이에마에 있습니다.
신 저작권법에 의해 한국 내에서 보호를 받는 저작물이므로 무단전재와 무단복제를 금합니다.

신학이 무슨 소용이냐고 묻는 이들에게

알리스터 맥그라스 지음 | 이은진 옮김

1판 1쇄 인쇄 2022. 12. 16. | **1판 1쇄 발행** 2022. 12. 26. | **발행처** 포이에마 | **발행인** 고세규
| **편집** 강영특 | **디자인** 유상현 | **마케팅** 윤준원 · 정희윤 | **홍보** 장예림 | **등록번호** 제300-
2006-190호 | **등록일자** 2006. 10. 16. | 서울특별시 종로구 북촌로 63-3 우편번호 03052
| 마케팅부 02)3668-3260, 편집부 02)730-8648, 팩스 02)745-4827

값은 뒤표지에 있습니다. ISBN 979-11-5809-097-5 03230 | 이메일 masterpiece@
poiema.co.kr | 좋은 독자가 좋은 책을 만듭니다. | 포이에마는 독자 여러분의 의견에 항상
귀를 기울이고 있습니다.

지혜, 안녕, 경이의 탐구와
신학의 쓸모에 관하여

알리스터 맥그라스

신학이
무슨 소용이냐고
묻는 이들에게

이은진 옮김

What's
the Point of
Theology?

Wisdom,
Wellbeing
and
Wonder

포이에마
POIEMA

2부 + 신학이 중요한 이유: 지혜, 안녕, 경이

일러두기 ─────────────────────────────────────── ✦

본문에 인용한 성경 본문은 대한성서공회에서 펴낸 새번역판을 따랐다.

들어가는 말

1971년, 옥스퍼드대학교 학부생으로서 기독교를 접하기 전까지 나는 신학이란 것에 대해 들어본 적이 없었다. 그러다 3년 뒤, C. S. 루이스(1898~1963)가 쓴 〈신학은 시인가?Is theology poetry?〉 라는 글을 읽으면서 모든 것이 바뀌었다.[1] 루이스는 아른아른한 토스카나 풍경처럼 감질날 만큼 어렴풋하되 탐날 만큼 매력 있는 무언가를 내게 살짝 보여주었다. 격조 높은 그의 산문을 곱씹다가 나는 내가 아는 세상 너머의 세계로 끌려가는 듯한 경이로움을 느꼈다.

그러나 당시 옥스퍼드에 다니던 그리스도인 친구들은 신학을 신앙생활과는 아무 상관이 없는 쓸모없는 공론空論 정도로만 여겼다. 그 외에 그리스도인이 아닌 친구들, 특히 철학을 공부하는 사람들은 신학이 그야말로 무의미하다고 주장했다. 그들은 A. J. 에이어(1910~1989)의 《언어, 논리, 진리Language, Truth and Logic》(1936)를 읽었고, 그 책이 자기네가 견지한 일반 상식 차원의 합리주의가 타당함을 입증한다고 믿었다. 에이어는 '검증 원리'라는 것을 내세워 명제를 검증할 수 있을 때만 그 명제가 의미가 있다고 주장했다. 에이어는 내가 학부를 다니던 기간 내내 옥스퍼드에서 논리학 위컴 석좌교수로 봉직했다. 그러니 에이어의 사상이 학생들의 철학 토론을 지배한 것은 전혀 놀랄 일이 아니었다. 신학은 지식인들 사이에서 필연적으로 절멸될 운명인 듯 보였다.

따라서 1970년대 중반에 자연과학에서 신학으로 전공을 바꾸기로 했을 때, 옥스퍼드에서 사귄 친구들 대다수는 나의 그런 결정이 현명하지 못하다고, 심지어 미친 짓이라고까지 생각했다. 그것이 벌써 50년 전이고, 시간은 계속 흘러갔다. 이제 에이어의 '검증 원리'는 실행 불가능할 뿐만 아니라, 자가당착에 빠지고 말았다는 평가를 받고 있다. 그런데도 무신론자인 철학자 줄리언 바지니(1968~)가 지적했듯이, 이제는 리처드 도킨스(1941~)처럼 신무신론新無神論을 주창하는 저자들이 이미 신용을 잃은 에이어의 견해를 그대로 답습하여 극단적으로 단순화되고 피상적인 확실성을 운운한다. 그러면서 하나님에 대해서는 그만 잊어버리고 걱정 좀 그만하고 인생을 즐기라고 우리에게 충고한다.[2]

과학으로 인생에 관한 모든 질문에 답할 수 있다는 도킨스의 호언장담은 처음에 얻었던 신용을 잃어버렸고, 이제는 자기가 했던 말들이 사실임을 보여주기 위해 자신이 내린 결론을 전제로 논지를 전개하는 순환논증의 오류에 빠진 듯 보인다. 요즘 대부분의 사람들은 그래도 '뭔가가 있을' 수도 있다는 막연한 느낌을 가지고, 신앙이 더 깊은 사람들은 어떻게 생각할지 궁금해하면서, 이 문제에 관한 판단을 보류하는 쪽을 선호한다.

신학에 호기심은 느끼지만 이해가 안 돼서 머리를 쥐어짜는 사람들, 모호하고 불확실해 보이는 일들을 어쩌면 저렇게 명백한 확신을 내뿜으며 이야기할 수 있는지 이해하고자 씨름하는 사람들에게 이 얇은 책이 도움이 되기를 바란다. 또한, 교회는 다녀도 신학에는 의심과 회의를 느끼는 사람들도 이 책을 읽고 도움을 얻길 바란다. 분명히 말하건대, 신앙이 있건 없건 이지적이고 사색적인 많은 사람이 신학에 깊은 의혹을 품고 있다! 바늘 끝에 천사가 몇 명까지 올라가 춤을 출 수 있는지나 토론하는 신학이 대체 다 무슨 소용이란 말인가? 예배의 아름다움이나 찬양의 기쁨, 지역 사회에 봉사하는 만족감처럼 신앙생활에서 훨씬 더 중요한 측면에 집중하지 못하게 훼방이나 놓는 게 신학 아닌가? 왜 신학은 신약성경에 나온 단순하면서도 풍부한 표현을 놔두고 굳이 알아듣기 힘든 전문용어를 쓰는가?

옥스퍼드대학교 신학 교수직을 퇴임할 날이 그리 머지않은 지금, 그동안 내가 배운 것들을 조금 나누고 싶다. 물론 내 판단이 틀릴 수도 있다! 그렇다 하더라도 나는 이 책에서 신학이 무엇인지를 탐구할 때, 말하자면 신앙 공동체 안팎의 사람들에게 왜 신학이 여전히 중요한지, 그리스도인들이 생각하는 방식과 살아가는 방식에 신학이 어떤 변화를 일으킬 수 있는지, 그리고 신학이 지혜, 안녕, 경이로움에 관한 더 폭넓은 탐구와 어떻게 맞아떨어지는지를 탐구할 때 앞에서 제기한 우려들(과 그 밖의 다른 염려들)을 진지하게 다룰 생각이다.

알리스터 맥그라스

1부

신학에 관해 먼저
생각해보아야 할 몇 가지

What's the Point
of Theology?

Wisdom,
Wellbeing
and
Wonder

1장

신학의 발견: 새로운 방식으로 보기

신학은 무의미하다. 아무짝에도 쓸모가 없다. 정말 중요한 것은 실제 사역이다. 미래의 기독교 지도자들에게 신학을 가르치는 데 시간을 낭비하는 이유가 대체 뭔가? 그럴 시간이 있으면 교회 성장과 회중 관리, 상담 기술에 관한 최신 이론을 배불리 먹일 수 있는데.

많은 사람과 대화를 나누며 거듭 확인한 대로, 교단 관료들 사이에 이런 시각이 널리 퍼져 있다. 이 문제를 제대로 충분히 생각하고 검토해보지 않았다는 느낌을 지울 수 없지만, 그들이 하는 말도 이해는 간다. 무의미한 일에 시간과 자원을 쏟아붓고 싶어 하는 사람은 아무도 없다. 그런데 신학이 기독교 신앙의 핵심에 자리한 비전을 떠받치고 있다면 어떨까? 이 비전이 명맥을 잇게 하고, 그리하여 교회의 생명과 예배와 구제 활동에 활력을 불어넣고 지탱하는 데 꼭 필요한 저만의 역할을 신학이 담당한다면 어떨까?

이는 비단 기독교만이 아니라 정체성과 사명감이 유독 강한 모든 집단과 단체, 기관에도 다 해당하는 질문이다. 오늘날의 중요한 현안에도 잘 대응하면서 과거와의 연속성도 유지하려면 어떻게 해야 할까? 일부 기관들은 초창기에 영감을 주었던 비전이 현실과 동떨어져버린 탓에 역사 속으로 사라진다. 그러나 사실은 창립 비전을 잃어버린 뒤에, 잃어버린 비전을 되찾고 새롭게 충전할 방법을 찾지 못해서 소멸하는 경우가 더 많다.

신학을 진지하게 받아들이지 않는 교회들은 풍성하고 귀중한 유산에 등을 돌릴 뿐 아니라, 새로운 세대의 마음을 사로잡고 상상력을 매료시킬 능력마저 줄어들 위험이 있다. 나는 이 책을 통해 이러한 주제들을 탐구할 것이고, 과거와 현재의 뛰어난 신학자들의 논거를 끌어와 기독교회의 생명과 사역과 증언에 신학이 꼭 필요할 뿐 아니라, 교회가 더 광범위한 문화에 참여하는 데도 신학이 필수적이라고 주장할 계획이다.

우선 개인과 교회에 신학이 중요한 이유에 초점을 맞춰보자. 나는 기독교 신앙의 핵심에 자리하고 있으며 기독교 공동체의 예배와 삶의 기초가 되는 비전을 신학이 제시한다고 말해왔다. 신학은 신앙의 핵심 주제들을 풀어낸다. 그 주제들이 어떻게 발전했는지 말해주고, 그 주제들을 어떻게 설명하고 설교할 수 있는지를 예증하고, 그 주제들이 실제 삶을 어떻게 변화시킬 수 있는지 보여준다. 무엇보다도 신학은 우리가 어떻게 지혜를 얻고, 안녕을 누리고, 경탄하는 능력을 기를 수 있는지에 관한 기독교의 시각을 제시한다.

기독교 복음은 사막 한가운데 있는 샘과 같아서 사람들을 끌어당긴다. 해방을 안겨줄 뿐만 아니라 본질에 속한다고 그리스도인들이 믿는 무언가를 복음이 제공하기 때문이다. '야곱의 우물'이라 부르는 우물가에서 만난 사마리아 여인에게 예수께서 하신 말씀은 이 점을 그림처럼 완벽하게 보여준다.

이 물을 마시는 사람은 다시 목마를 것이다. 그러나 내가 주는 물을 마시는 사람은, 영원히 목마르지 아니할 것이다. 내가 주는 물은, 그 사람 속에서, 영생에 이르게 하는 샘물이 될 것이다 (요 4:13~14).

신학은 충만한 삶이 어떤 모습이고, 그리스도라는 인물과 그분이 하신 일을 통해 그 삶이 어떻게 드러났는지를 뒷받침하고 표현한다.

따라서 신학은 기독교 신앙의 중추인 도덕적·지적·영적 비전을 정확히 포착하여 언어로 표현한다. 즉, 기독교가 상황을 바라보는 방식을 제시하여 우리를 기쁘게 하고 압도하며, 단순히 이해하는 수준을 넘어 예배하고 경배하도록 이끈다. 신학은 본질적인 의미를 규정하여 눈을 뗄 수 없게 하는 이 비전을 그리스도인이 말로 어떻게 표현하길 바라는가 하는 문제를 붙들고 씨름한다. 신학은 근본적으로 기독교가 무엇인지를 설명하는 데 도움이 된다. 그리고 그 설명이 우리가 기독교 안에서 세상을 이해하고 그 안에서 살아가는 방식을 어떻게 바꿀 수 있는지를 알릴 수 있게 돕는다. 신학은 설교자들이 기독교 신앙의 풍요로움을 전할 수 있게 돕고, 변증가들이 기독교 신앙의 주요 주제들을 더 광범위한 문화권에 설명하고 옹호할 수 있게 돕는다.

설령 기독교 신앙의 비전을 공유하지는 않더라도, 그리스도인에게 힘을 불어넣고 이끌어가는 그 비전을 기독교 공동체 바깥에 있는 사람들이 엿보는 것은 중요하다. 나는 한때 마르크스주의자였다. 지금은 마르크스주의를 떠났지만, 마르크스주의의 세계관과 거기에 내포된 뜻을 지금도 잘 이해하고 있다. 이제는 마르크스주의가 옳다고 생각하지 않지만, 마르크스주의가 왜 중요한지는 이해하고 있다. 무언가를 이해하기 위해 거기에 동의할 필요는 없다. 무언가를 이해한다는 것은 사람들이 이 복잡한 세상을 이해하려고 애쓰는 방식을 더 잘 알게 된다는 뜻이다.

우리가 왜 여기에 있는가? 교회를 포함한 뭇 기관들이 끊임없이 자문해야 할 질문이다. 무엇이 우리를 존재하게 하고 오늘날 우리에게 힘을 북돋는가? 대니얼 페카르스키는 기관의 비전이 어떻게 개발되고 구체화되어 실행되는지를 연구한 중요한 저술에서 '잘 구상한 비전'의 중요성을 강조한다. 그가 정의하는 바에 따르면, 잘 구상한 비전이란 "설득력이 있고 명확하고 구성원들이 함께 공유하는, 고무적인 사상"을 의미한다.[1] 이러한 비전은 사회와 문화가 변화해나감에 따라 구닥다리가 되기 쉽다. 그러나 기독교는 하나님과 인간에게 초점을 맞춘 '신학적' 비전 진술에 기초하고 있다. 한편에는 평생을 두고 우리와 동행하시는 사랑 많고 인격적인 하나님이 계시고, 다른 한편에는 부러지고 상처 입고 망가져 사랑과 회복과 소망이 필요한 인간이 있다.

이 주제들은 세대가 바뀔 때마다 의미 있는 방식으로 잘 표현되어야 한다. 기독교를 변형시켜 새로운 세대에 적합하게 만들 필요는 없다. 하지만 현재의 청중에게 가까이 다가갈 수 있는 언어와 이미지, 이야기, 개념을 이용하여 기독교 신앙의 다채로운 비전을 풀어내고 펼쳐내는 것이 신학자들과 설교자들에게 주어진 과제다.

비전 진술에는 항상 해석학적 요소가 있다. 비전을 삶에 어떻게 적용할지는 역사적 시기와 문화적 위치에 따라 달라지기 때문이다. 우리는 복음의 정체성을 훼손하지 않고 새로운 도전과 새로운 상황에 대처할 수 있도록 복음을 해석하는 이 오래된 신학 전통을 탐구할 것이다. 스위스 개신교 신학자 에밀 브루너(1889~1966)는 이를 다음과 같이 간결하게 정리했다. "복음은 늘 동일하지만, 복음에 대한 우리의 이해는 항상 새로워져야 한다."[2] 신학은 정체성을 부여하고 삶의 질을 높이는 비전을 보존하는 한편, 새롭게 다가오는 도전에 교회가 대응할 수 있도록 도구를 제공한다.

나는 신학이 보물 상자와 같다고 그리스도인들에게 말하고
싶다. 신학은 우리의 신앙이 풍요로워지게 해주고, 우리에게 신
앙의 가치와 목적을 성찰하라고 권하기 때문이다. 신학이 없다
면, 기독교회는 한때 의미가 있었으나 지금은 기독교 공동체 바
깥에 있는 사람들은 물론이고 공동체 안에 있는 일부에게도 시
대에 뒤처져 무의미해진 기억과 습관을 지키는 관리자에 불과
할 것이다. 신학은 이러한 기억과 습관에 새로 활력을 불어넣
는다. 과거와 현재를 잇는 다리 역할을 함으로써 과거에 누리던
풍요로움을 현재에도 누리게 하고 변화를 일으킨다. 시대와 장
소가 바뀌어도 기독교 복음은 변함이 없지만, 신학은 과거의 지
혜에 뿌리를 두되 지나간 시대의 특수성에서 벗어나 새로운 상
황에서 복음을 명료하게 표현해야 한다.

그러면 어디에서부터 시작하는 것이 좋을까? 기독교가 어떻
게 우리 자신과 그리스도와 이 세상을 있는 그대로 보게 해주
는지부터 생각해보자. 풍요롭고 만족스럽고 변화시키는 힘이
있는 비전을 받아들이면, 우리는 현실에 대한 결함 있고 부적절
한 이해에서 떠나게 될 것이다.

상황을 바라보는 새로운 시각으로서의 신학

10대 시절에 미국 작가 헨리 밀러(1891~1980)의 책을 즐겨 읽었다. 여행하면서 새로운 현실에 눈을 뜨는 줄거리를 통해 여정이 사람들을 어떻게 바꾸어놓는지를 탐구하는 작품이 많았기 때문이다. 그중에서도 캘리포니아 빅서 해안을 흥미롭게 묘사한 문장이 내 마음을 사로잡았다. "목적지는 어떤 한 장소가 아니라 상황을 바라보는 새로운 시각을 의미한다."[3]

1972년 1월에 마가복음을 시작으로 신약성경을 헬라어 원문으로 공부하기 시작하면서 내게는 헨리 밀러의 이 깔끔한 문장이 더 큰 의미로 다가왔다. 이제 막 기독교를 알게 된 터라, 기독교를 더 잘 이해하게 도와줄 성경 본문에 몰두하고 싶었다. 마가가 들려주는 이야기를 읽다가 그리스도께서 하신 첫마디에 강한 호기심이 생겼다. 예수께서는 "때가 찼다"라고 말씀하셨다. "하나님의 나라가 가까이 왔다. 회개하여라. 복음을 믿어라"(막 1:15). 보통 'repentance'로 번역하는 헬라어 단어 '메타노이아metanoia'에는 '회개'라는 뜻이 들어 있긴 하지만, 이 하나의 의미에만 국한되지 않고 사실 훨씬 더 심오한 의미가 담겨 있다. 메타노이아는 비전의 변화로 이어지는 사고방식의 변화와 관련이 있다.

내가 무신론에서 기독교로 옮겨 갔을 때도 세상은 변하지 않았다. 그러나 내가 변했다. 기독교는 초점이 잘 맞아서 모든 것을 더 선명하게 볼 수 있는 렌즈를 내게 주었고, 그리하여 나는 전과는 전혀 다른 새로운 시각으로 세상을 보았다. 바라보는 방식이 달라졌다. 그래서 나는 이 새로운 세상에 어떻게 적응하고, 새로운 통찰을 바탕으로 어떻게 살아야 하는지를 연구해야 했다. 나는 이 세상을 더 이상 '자연'으로 보지 않고, 하나님의 피조물로 보았다. 사람들을 더 이상 사회경제 단위로 보지 않고, 하나님의 형상을 지닌 개인으로 보았다.

그리스도인이 구약성경을 읽는 방식은 상황을 다르게 바라보는 좋은 예다. 옥스퍼드에서 만난 유대인 동료 중 대다수는 히브리 성경이 그 자체로 완전하다고 보지만, 그리스도인들은 기대하고 예비하라는 말씀으로 구약성경을 받아들인다. 구약성경 너머 약속이 성취될 날을 가리킨다고 보는 것이다. 신약성경의 수많은 구절에서 예수 그리스도의 역사가 구약성경의 예언을 성취했다고 말할 수 있는 방식을 택하여 새로운 방식으로 줄거리를 전개하는 이유가 여기에 있다.

히포의 주교 아우구스티누스(354~430)는 이 개념을 다음과 같이 정리했다. "신약은 구약에 감추어져 있으며 구약은 신약 안에서 드러난다."[4] 신약에서 다루는 위대한 주제들이 구약에 이미 담겨 있지만, 신구약의 연관성과 연속성을 제대로 이해하려면 구약의 본문을 특정한 방식으로 해석하거나 바라보아야 한다는 것이 그가 말하고자 한 요점이다. 따라서 신약성경은 구약성경을 읽어나갈 기독교식 렌즈를 제공하는데, 이 렌즈는 유대인 독자들이 같은 본문을 읽을 때 사용하는 렌즈와 사뭇 다르다.

우리로 하여금 새로운 방식으로 상황을 보게 해주는 기독교 신학의 능력을 많은 신학자가 강조해왔다. 신학적 사상을 시적 언어로 표현하는 역량이 탁월했던 영국의 시인이자 신학자 조지 허버트(1593~1633)가 좋은 예다. 허버트는 케임브리지대학교에서 대표 연사Orator로 활동하던 학자였고, 대성당이 있는 솔즈베리 인근 베머턴이라는 작은 마을에서 시골 목사로 짧은 생의 마지막 몇 년을 보냈다.

나는 허버트의 저술, 특히 〈엘릭시르The Elixir〉라는 시에 담긴 풍부한 신학적 비전을 곰곰이 생각하곤 한다.[5] 3연에서 허버트는 신학을 하는 두 가지 전혀 다른 방식을 제시한다. 하나는 신학 사상을 '보는look at' 것이고, 또 하나는 신학 사상이 드러내는 풍경을 파악하기 위해 그 사상을 '통하여 보는look through' 것이다.

유리창을 보는 사람은
유리에 눈길이 머물 수도 있겠으나
원한다면 창을 통하여 그 너머
하늘나라를 볼 수도 있다.

조지 허버트가 말하려 한 요점은 명료하다. 당신은 어렵지 않게 기독교 교리(예를 들면, 창조론)를 검토할 수 있다. 이것은 대학에 몸담은 신학자로서 내가 평생 해온 일이다. 나는 글에 담긴 신학 사상을 찾아서 그 사상이 성경 어디쯤 뿌리를 두고 있으며, 교리에는 어떻게 표현되어 있고, 다양한 신학자들은 이 사상을 어떻게 이해해왔는지 학생들에게 설명해왔다. 하지만 허버트는 우리에게 그 이상의 일을 하라고, 그것보다 더 흥미로운 일을 하라고 권한다. 기독교 교리를 '통하여 보고', 기독교 신학이라는 창을 통해 우리 자신과 이 세상을 바라보라고 당부한다. 그는 우리가 신학을 활용하여 세상과 더 깊이 있고 다채로운 관계를 발전시켜서 새로운 눈으로 세상을 바라보기를 원한다.

따라서 단순히 창조론을 들여다보는 데서 그치지 않고, 창조론이 제공하는 렌즈를 통해 우리가 사는 이 세상도 바라보아야 한다. 현대 소설가 중에서 신학 지식이 가장 풍부한 메릴린 로빈슨(1943~)은 신학적 렌즈를 통해 자연계를 있는 그대로 바라보는 것의 중요성을 잘 알고 있다. "어디든 눈을 돌리면, 이 세상은 변형된 예수의 얼굴처럼 빛날 수 있다. 보고자 하는 기꺼운 마음만 있으면 다른 준비를 할 필요도 없다."[6] 자연계의 질서에 신학적으로 주의를 기울이는 일의 중요성에 관해서는 이 책 뒷부분에서 다시 살펴볼 생각이다.

우선, 허버트가 신학에 접근하는 각도를 살펴보자. 창문이 하나뿐인 방에 앉아 있다고 상상해보자. 어쩌면 당신 눈에는 유리창에 붙은 짜증 나고 거슬리는 먼지나 얼룩만 보일 수도 있다.

혹은 그 창을 통해 보이는 아름다운 정원의 풍경을 즐길 수도 있다. 이번에는 의학 실험실에서 현미경을 들여다보고 있다고 상상해보자. 현미경은 흥미로운 장비다. 하지만 정말로 중요한 것은 이 장비가 인간의 육안으로는 전혀 볼 수 없는 살아 있는 세계의 세부를 조사할 수 있게 해준다는 점이다. 현미경은 현실을 보는 시야를 넓혀준다.

신학은 우리가 상황을 새로운 방식으로 보도록 돕는다. 그러나 우리는 신학을 통해 상황을 바라보는 일에 익숙하지 않다. 이것은 우리가 앞으로 더 계발해야 할 습관이다. 신학자이자 심리학자인 로버트 로버츠(1942~)는 이 세상과 우리의 경험을 기독교적 방식으로 바라보는 습관이 중요하다고 강조한다. "이런 식으로 상황을 바라보도록 '연습'"해야 한다고 그는 말한다. "보는 연습은 대체 어떻게 하는 걸까? '찾아보면look' 된다. 찾아본다는 것은 적극적으로 본다는 뜻이다. 찾고 있는 대상을 보는 데 성공하면, 찾는 것을 찾도록 보는 습관을 훈련할 수 있다."[7] 신학자는 분별하는 습관, 다시 말해 상황을 올바르게, 제대로, 충분히 보는 습관을 기르는 사람이다.

신앙의 새로운 세계를 상상하기

나는 기독교 신앙을 탐험해야 할 풍경으로 여기면 도움이 된다고 학생들에게 이야기하곤 한다. 이 세상을 찾아내려면 어떻게 해야 할까? 찾아낸 다음, 들어가서 탐험하려면 어떻게 해야 할까? 세상은 어떤 모습인가? 그곳에 있으면 어떤 기분이 드는가?

이 질문들에 대한 답은 '신앙'의 관점에서 나온다. 그러나 여기에서 말하는 신앙은 리처드 도킨스가 완전히 잘못 이해하고 우스꽝스럽게 패러디한 '맹목적 신앙'을 의미하지 않는다. 도킨스는 좋아하는 것은 그것이 무엇이든 믿으려고 드는 비뚤어진 성향이 신앙이라고 생각하지만, 그리스도인은 신앙이 지적·관계적 신뢰라고 본다. 여기에는 더 넓어진 시야로 현실을 바라보는 것이 포함된다. 시야가 넓어져야 하나님과 변혁적 관계가 가능해지기 때문이다. 그러나 나는 세상을 이런 식으로 바라보는 게 (옳다고 믿지만) 옳다는 걸 증명할 수 없다. 이는 자신의 무신론 역시 증명할 수 없다는 사실을 뒤늦게 깨달은 듯한 도킨스와 내가 공유하는 문제다. 신앙은 진실이라고 생각하는 바를 토대로 특정한 방식으로 살겠다는 결정이자 판단이며 신념이다. 도킨스는 계몽주의가 분수령이 되어 과학적 추론이 신앙을 대체했다고 여기는 것 같다. 그러나 이 새로운 이성적 세계관 역시 믿음에 뿌리를 내리고 있었다. 초월자가 지도하지 않아도 인간이 이성적·도덕적으로 행동할 수 있을 것이라는 믿음 말이다. 알래스데어 매킨타이어(1929~)를 비롯한 여러 학자가 솜씨 좋게 묘사한 것처럼, 이후 합리주의가 분열되는 과정에 분명히 드러났듯이 기본적으로 계몽주의는 역사와 지리, 문화 위에 우뚝 선 존재로서 자기 민족을 내세우려고 애썼던 자민족 중심의 새로운 신앙 전통에 불과했다.[8]

상황을 바라보는 기독교의 시각을 신뢰하고 새로운 세상에서 적절히 행동하는 것, 그것이 신앙이다. 신앙은 우리로 하여금 세상을 새롭게 바라보고 그 안에서 활동을 펼칠 수 있게 해준다. 위대한 사회이론가 막스 베버(1864~1920)는 합리주의를 가리켜 인간의 정신을 가두는 '철창'과 같다고 말한 바 있다.[9] 신학은 상식적 합리주의가 정말로 중요한 것을 보지 못하게 우리 눈을 가려서 새로운 사고·경험·상상·생활 습관으로 우리를 안내할 수 있는 특정한 탐색 경로를 차단해버린다는 사실을 우리가 깨닫도록 돕는다.

영국 소설가 에벌린 워(1903~1966)는 향수를 자극하는 소설 《다시 찾은 브라이즈헤드Brideshead Revisited》(1945)로 세간에 잘 알려져 있다. 1930년에 갑자기 가톨릭으로 개종한 뒤, 에벌린 워는 친구에게 새로 생긴 신앙 덕분에 처음으로 상황을 명쾌하게 보게 되었다며 어떻게 된 일인지 설명했다. 회심은 "하나님이 지으신 실제 세계로" 나가는 일이라고 에벌린 워는 편지에 썼다. "그런 다음, 그 세계를 끝없이 탐험하는 아주 기분 좋은 과정을 시작하는 것일세."[10] 《다시 찾은 브라이즈헤드》는 신의 은총이 개인의 삶을 빚어서 인도해나가는 신비한 방식에 초점을 맞춘 작품으로 에벌린 워가 시작한 '아주 기분 좋은' 성찰 '과정'의 일부다.

나의 경우는 청소년기 무신론이라는 침몰하는 배를 버리고, 상황을 해석하고 세상을 상상하고 올바른 삶을 추구하는 다른 방식, 즉 기독교를 발견했다. 그것은 마치 난파되었다가 신비로움과 경이로움을 서서히 드러내는 낯선 섬의 해안에서 피난처를 발견하는 것과 같았다.

이 신앙의 세계에 관한 지도를 지성적으로 그려나가는 작업이 신학이라고 생각하면 도움이 된다. 기본 주제들을 서로 연결하고 그 주제들이 상황을 바라보는 방식에 어떻게 영향을 끼치는지 탐험하는 것이 바로 신학이다. 역설적이게도 기독교 신학은 철저하게 실천적인 학문이다. 신학의 목표가 올바른 이해인데, 올바로 이해하면 희망이 없어 보이는 세상에서 희망을 찾는 올바른 삶의 방식으로 자연스럽게 나아가기 때문이다.

더욱이 무척 중요하게도, 신학은 단테의 《신곡 La Divina Commedia》, 그레이엄 그린이나 메릴린 로빈슨의 소설들, 조지 허버트나 T. S. 엘리엇의 시처럼 서구 문학에서 가장 위대한 작품으로 손꼽히는 작품들의 의미를 오롯이 드러낼 수 있는 열쇠를 제공한다. 이처럼 신학은 과거를 더 잘 이해하고 문화사를 더 풍부하게 감상하는 데 확실히 도움이 된다. 하지만 다른 면에서도 신학이 꼭 필요하다.

지금까지 나는 신학의 장점들을 강조하며 그리스도인 개개인과 교회들을 안심시키는 데 집중해왔다. 지금부터는 그러한 신념을 공유하지 않는 독자들에게 이야기하고자 한다. 실제로, 신앙이 없는 청중에게 신학이 무엇인지 설명해달라는 요청을 종종 받곤 한다. 그러다 C. S. 루이스의 '가정' 실험이 도움이 된다는 사실을 깨달았다.[11] 루이스는 독자들에게 사고 실험을 해보자고 청한다. 기독교가 참이라고 가정해보자. 그러면 기독교가 드러내는 세상은 어떤 모습인가?

이 사고 실험에는 기독교 신학의 기본 주제들을 '큰 그림'으로 엮어서 그런 세상에 살면 어떨지 상상해보는 작업이 포함된다. 이 실험은 누구에게도 이런 발상이 옳으니 그냥 믿으라고 요구하지 않는다. 그저 상상력을 발휘해 공감해보라고, 여러 관점을 탐험하는 연습을 해보라고 권할 뿐이다. 여러분이 이 세계관을 가지고 있다고 생각해보라. 이 세계에 들어가서 내부에서 탐험해보고, 이 세계에서 살면 기분이 어떨지 파악하려고 애써보라.

C. S. 루이스는 이야기를 들려주는 방식으로 이 '가정' 실험 또는 사고 실험을 진행한다. 나니아 같은 나라가 있다고 가정해보자. 우리 세계에서 하나님이 사람(예수 그리스도)이 되셨던 것처럼, 나니아에서는 하나님이 사자가 되셨다고 가정하면 어떨까? 그러면 무슨 일이 벌어질까? 루이스는 무려 일곱 권에 걸쳐 우리에게 그 이야기를 들려준다. 그의 상상력이 펼쳐지는 속도

에 맞춰 우리는 이야기를 읽고 생각하고 상상한다.

이 책 2부에서는 인간이 의미 있는 삶을 살아가는 데 중요한 역할을 하는 세 가지 핵심 주제, 즉 지혜와 안녕과 경이를 생각할 때 기독교의 '큰 그림'이 어떻게 도움이 되는지 숙고할 계획이다. 기독교 신학은 이런 질문에 오랫동안 관심을 기울여왔다. 우리는 기독교 신학이 어떻게 사고를 자극할 수 있는지, 그리고 독특하게 기독교가 이해한 지혜와 안녕과 경이는 과연 어떤 모습인지 살펴볼 것이다.

이를 통해 기독교 신앙을 잘 모르는 독자들도 신학이 어떻게 작용하고, 사람들에게 어떻게 변화를 일으키는지 이해하는 데 도움을 얻길 바란다. 상상력을 발휘해 공감해봄으로써 우리는 이 '큰 그림' 속에 들어가 그 틀 안에서 상황이 어떻게 보이고 어떤 느낌이 드는지 이해하려고 시도해볼 수 있다.

찰스 테일러: 새로운 (그러나 실재하는) 세계 상상하기

기독교식으로 세상을 상상하려고 할 때 신학은 사상을 표현하고 더 광범위한 청중에게 다가가고자 종종 철학을 사용한다는 점을 언급할 필요가 있다. 예를 들어, 초기 기독교 신학자들은 후기 고전고대classical antiquity(서양 고전 문화를 꽃피운 고대 그리스·로마 시대의 총칭—옮긴이)에 널리 퍼져 있던 플라톤 철학의 형식을 따랐고, 덕분에 더 폭넓은 문화적 담론에 참여할 수 있었다. 물론 여기에는 위험이 따랐다. 일부 학자들은 신학자들이 플라톤 철학을 이용해 기독교를 장려하려고 애썼으나 실제로는 기독교를 이용해 플라톤 철학을 장려하는 결과를 낳았다고 지적한다.

그러나 신학자들은 대부분 철학과의 대화가 중요하고 가치 있다고 여긴다. 예를 들어, 나는 영국 공공철학자 메리 미즐리(1919~2018)를 주기적으로 찾아 읽는다.[12] 왜냐고? 환원주의를 비판하고 복잡성을 존중해야 한다고 강조하는 미즐리의 논지가 리처드 도킨스 같은 작가들에게 비판적으로 대응하고 기독교 신앙의 풍요로움을 건설적으로 설명하는 데 도움이 된다고 보기 때문이다. 이 부분은 다음 장에서 우리가 사는 복잡한 세상의 '지도'를 그리려는 미즐리의 생각을 살펴볼 때 다시 들여다볼 것이다.

신학자들은 때로는 비판하고 때로는 협력하면서 늘 철학자들과 씨름해왔다. 13세기에 토마스 아퀴나스(1225~1274)는 아리스토텔레스의 철학에 감탄하면서도 비판적으로 접근하여 신학 연구법을 개발했다. 덕분에 기독교 성경의 권위를 인정하지 않는(그러나 아리스토텔레스는 좋아하는) 이슬람교도 및 이교도들과 토론할 수 있었고, 21세기에도 여전히 영향력이 있는 철학적으로 엄격한 신학 연구법을 개발할 수 있었다. 이는 신학이 철학과 대화하는 좋은 예로서, 덕분에 더 폭넓은 문화적 토론이 이루어질 수 있었다.

캐나다 철학자 찰스 테일러(1931~)는 지적 엄격함을 지키면서 문화사를 예리하게 분석해 현대 신학자들이 다방면으로 폭넓게 언급하는 작가다. 1950년대에 옥스퍼드대학교에서 철학을 공부한 테일러는 당시 유행하던 '논리 실증주의'가 지닌 결함을 직시하고 더 만족스러운 연구 방법을 개발하기 시작했다. 그리하여 우리가 사회 현실을 생각할 때 자유롭게 떠올리는 '사회적 상상'이라는 개념을 생각해냈다. 이 개념은 신학자들에게 '더 거대한 질서를 내다보며' 그 안에서 우리가 누구인지를 생각하고, 이러한 비전에 따라 상황을 바라보며 행동할 길을 제시한다.

테일러는 사람들이 "자신의 사회적 실존을 상상하는 방식, 즉 다른 사람들과 조화를 이루어가는 방식, 나와 주변 사람들 가운데 상황이 전개되는 방식, 통상 충족되곤 하는 기대들, 그리고 그러한 기대들 아래 깔린 도저한 규범적 개념과 이미지"를 염두에 두고 '사회적 상상'이라는 용어를 사용한다.[13] 그리고 많은 신학자가 신학적 성찰에 지적 알맹이를 채우는 데 이러한 '사회적 상상'이 도움이 된다고 생각한다. 우리가 사는 이 세상과 우리의 삶을 아우르는 새롭고 독특하고 신뢰할 만한 방식을 기독교가 제공한다는 생각을 하게 하기 때문이다.

물론, 이런 방식으로 참여할 수 있는 큰 그림이나 원대한 이야기가 있다고 모든 사람이 믿는 것은 아니다. 테일러는 이런 큰 그림의 존재나 권위를 인정하지 않고 거리를 두는 사람들의 입장을 묘사하기 위해 '중립적 자아'라는 표현을 사용한다. "무엇이 선한 것인가, 또는 무엇이 가치 있는 것인가, 무엇이 감탄스러운 것인가, 무엇이 귀중한 것인가" 하는 문제, 즉 도덕적 가치의 문제와 관련하여 확신이 없고 어떠한 부류와도 원대한 현실관現實觀을 공유하지 않는 사람들을 가리켜 "방향 감각을 잃은" 상태라고 말한다. 테일러가 말하는 요점은 신학적으로 중요하다. 우리에게는 "사물이 안정된 의미를 지닐 수 있는 틀 또는 지평"이 필요하다. 그래야 무엇이 "선하고 의미 있는지", 또는 무엇이 "나쁘거나 하찮은지" 결정할 수 있기 때문이다.[14] 테일러는 신학이 우리에게 이런 식의 '상상', 다시 말해 상황을 이해하고 이해한 바에 따라 살아가도록 우리를 돕는 '틀 또는 지평'을 제공한다고 본다.

어떤 이들은 테일러의 논지가 지적으로 훌륭하다는 점은 인정하면서도, 확고한 기준점이나 큰 그림 없이 살면 완전한 자유를 누릴 수 있는 이점이 있다고 주장할 것이다. 이제 서구 문화권의 일부 진영에서는 외부 제약에 통제받거나 영향받지 않고 신념과 가치를 자유롭게 선택할 수 있어야 한다면서, 지적 진실성보다 개인의 자유가 더 중요하다고 믿는다. 어떤 것들은 그 자체로는 진실이 아니어도 우리에게는 진실일 수 있다는 것이다.

그러나 이 관점에는 진짜 문제가 있다. 우리가 속한 내집단 또는 우리에게 영향력을 행사하는 사람들을 향한 충성심이나 우리의 욕망을 넘어선 어떤 것에 근거하지 않는다면, 우리의 견해는 개인적인 해석에 지나지 않는다. 독일 시인 헤르만 헤세(1877~1962)가 지적한 대로, 이는 문화란 것이 겨우 "지적 유행"과 "그 시대의 일시적 가치"에나 뿌리를 두었던 바이마르 공화국 기간에 대두되었던 문제다.[15]

어쩌면 더 중요한 점은 자신의 입맛과 기득 이권에 맞는 세계를 지어내는 경향이 인간에게 있다는 점일 것이다. 우리는 우리가 믿는 바가 우리의 욕망을 빚어가게 하지 않고, 도리어 우리의 욕망이 우리가 믿는 현실을 결정하게 한다. 사람들이 환상의 세계를 지어내는 이런 과정, 지그문트 프로이트(1856~1939)가 이른바 '소망 충족'이라고 불렀던 이 유명한 과정을 보여주는 대표적인 예가 바로 종교라고 주장하는 사람들이 많지만, 이는 무신론에도 똑같이 적용된다. 실제로 무신론자를 자임하는 많은 사람이 신은 없어야 한다는 자신의 욕망을 공공연히 드러낸다.

철학자 토머스 네이글(1937~)은 자기가 부르짖는 무신론의 핵심에 이 욕망이 자리하고 있다는 점을 분명히 밝혔다. "나는 신을 믿지 않을뿐더러, 당연히 내 신념이 옳기를 바란다. 신이 없기를 바라는 것이다! 나는 신이 존재하기를 원치 않는다. 신이 존재하는 우주 같은 건 원하지 않는다."[16] 실제로 토머스 네이글의 무신론은 우주에 신이 없길 바라는 보다 근본적인 그의 욕망을 합리화한 것에 지나지 않는다.

기독교는 오늘날 영향력이 큰 현대 문화뿐만 아니라 유대, 그리스, 로마의 고전 문화에서도 한때 성행했던 특정 사고방식에 도전하는 '대항 서사'로 볼 수 있다는 말이다. 1930년대에 스위스 신학자 에밀 브루너는 신학에 소위 '논쟁적eristic' 과제가 있다고 주장했다.[17] 이 말뜻은 신학이 단순히 자기가 견지한 긍정적 사상과 가치를 제시하는 데서 그치지 않는다는 뜻이다. 당시 신학은 그 시대를 풍미한 비종교적 이데올로기의 양대 산맥인 나치즘과 마르크스레닌주의 같은 대안에 도전했다. 그런데 이런 브루너의 접근 방식은 하나님을 바라보는 대립하는 견해에도 쉽게 적용할 수 있다. 예를 들어, 기독교의 칭의론은 하나님이 우리의 고통과 괴로움에 무관심하다는 생각도, 우리가 하나님께 사랑을 받고 하나님께 받아들여지려면 먼저 도덕적으로나 영적으로 탁월한 수준에 이르러야 한다는 생각도 거부한다.[18]

이 부분에 관해서는 뒤에 나오는 4장, 5장, 6장에서 자세히 살펴볼 계획이다. 지금은 이것을 우리 자신과 우리가 사는 세상을 새로운 시각으로 바라보게 해주는 렌즈로 사용하기 전에, 기독교가 명확하게 표현하는 신앙에 관한 풍부한 비전에 대해 좀더 생각해보아야 한다.

2장

'큰 그림'으로서의 신학

'큰 그림'의 문화적 중요성에 대한 인식이 점점 커지고 있다. 마르크스주의와 21세기 초에 등장한 새로운 극우 이데올로기들처럼 일부 세계관은 대단히 정치적이다. 오늘날 이 세계를 이해하는 데 관심이 있는 사람이라면 누구든 이러한 사고방식들과 이것들이 사람들에게 끼치는 영향을 상대할 줄 알아야 한다. 이미 살펴보았듯이, 기독교 역시 현실에 대한 큰 그림을 제시한다. 이번 장에서는 이것의 중요성에 대해 좀 더 생각해보려 한다.

1970년대 초, 우연한 기회에 이론물리학자 유진 위그너(1902~1995)가 쓴 연구 논문을 읽었다. 왜 수학이 자연계의 지도를 그처럼 효과적으로 그려내는가 하는 질문을 탐구한 논문이었다. 당시에 나는 옥스퍼드대학교에서 과학을 공부하는 학부생이었다. 그래서 '궁극적 진리'를 찾아가는 데 도움이 되는 순수 수학의 능력에 당혹감을 느끼는 위그너의 기분을 알 것 같았다. 수학은 정신의 자유로운 창조 행위를 의미하는데, 그런 수학이 현실의 윤곽을 그토록 잘 그려내는 이유가 뭘까?

그러나 위그너의 논문에서 정말로 관심이 갔던 부분은 그가 '궁극적 진리'를 정의하는 방식이었다. 위그너는 궁극적 진리를 "자연의 다양한 측면에서 형성된 작은 그림들을 하나하나 정연하게 융합한 그림"으로 정의했다.[1] 자연의 각 측면 또는 각각의 과학 과목이 우리에게 '작은 그림'을 하나씩 제공한다는 말이 내게는 큰 의미로 다가왔다. 과학은 이 작은 그림들을 논리정연한 큰 그림 안에 전부 모아서 이것들이 서로 어떻게 연결되어 있는지 볼 수 있게 하는 것을 목표로 삼는다. 마치 숲, 강, 도로, 마을을 각각 찍은 스냅 사진을 한데 모아서 현실을 좀 더 유기적으로 보게 해주는 파노라마 사진과 같다.

위그너는 과학이 어떻게 작동하는지 강력한 비전을 제시했다. 그리고 그 무렵에 나는 C. S. 루이스의 저술을 진지하게 읽기 시작했다. 그러다 루이스가 위그너와 매우 비슷한 방식으로 신앙에 접근하는 법을 개발했다는 사실을 알게 되었다. 루이스는 기독교가 현실을 꿰뚫는 큰 그림을 제시한다고 보았다. 이 그림은 흩어지고 단절된 세상의 요소들을 한데 아울러 뭉칠 수 있게 해준다. 사실 "기독교의 세계상世界像을 진실로 받아들이고 나면" 기독교인들은 "그 그림에서 미적 즐거움을 찾는다."[2] 신학을 영성 및 예배와 연결하는 통찰을 얻는 것인데, 이에 관해서는 나중에 다시 살펴볼 것이다.

나는 루이스가 신학을 하는 방식에 매료되었다. 그리고 루이스가 독자들을 위해 스케치한 상상력 풍부하고 지적인 풍경에 들어가 살면서 내 신앙을 풍요롭게 할 방편으로 신학을 공부하는 꿈을 꾸기 시작했다. 다행히 일이 술술 잘 풀렸다. 지금 내가 이 책을 쓰는 이유도 그 때문이다.

기독교 교리들
: 홀로 떨어져 있는가, 서로 연결되어 있는가?

기독교 신학을 처음 공부하기 시작했을 때, 나는 따로따로 구분된 칸 여러 개가 죽 이어져 있고, 각 칸에는 교리가 하나씩 들어 있는 것으로 생각했다. 실제로 신학 교재들이 이런 생각을 부추긴다. 물론, 내가 쓴 책도 예외가 아니다! 예를 들어, 1980년대와 1990년대에 옥스퍼드대학교에서 했던 강의를 토대로 쓴 《신학이란 무엇인가Christian Theology: An Introduction》라는 책은 창조, 구원, 삼위일체와 같은 특정 교리를 다룬 10개의 독립적인 장으로 구성되어 있다.

감당할 수 있는 선에서 신학을 더 쉽게 공부할 수 있게 하려는 목적으로 이렇게 나눈 것뿐인데, 안타깝게도 이런 교육학적 접근 방식이 신학의 본질로 오해되기 쉽다. 즉, 따로따로 분리된 사상들의 조합, 마치 사진첩에 무작위로 붙여둔 스냅 사진처럼 본질상 서로 무관한 신념들을 오목조목 이어놓은 조각보가 신학이라고 암시하는 것이다. 이는 신학을 이해하는 데 전혀 도움이 되지 않는다.

신학은 영성, 성경 연구, 변증, 윤리를 아우르는 서로 연결된 사상의 그물망으로 보아야 가장 잘 이해할 수 있다. 예를 들어, 창조론은 신앙의 다른 주요 주제들과 연결되어 있다. 우리는 하나님의 본성, 구원, 그리스도인의 삶을 곰곰이 생각하지 않고, 다른 이들도 쉽게 덧붙일 수 있는 뻔한 주제들만 언급해서는 그리스도의 정체성과 의의에 관해 말할 수 없다. 신학의 큰 그림은 얼핏 공통점이 전혀 없어 보이는 스냅 사진들을 현실의 파노라마에 끼워 맞출 수 있게 해준다. 스냅 사진은 그 자체로 중요하고 존중해야 마땅하지만, 각각은 훨씬 더 거대한 전체의 한 부분씩만 보여준다.

신학이 말로 표현하려고 애쓰는 기독교의 큰 그림은 그렇지 않았으면 뚜렷한 의미나 의의 없이 세상에 내던져지고 흩어져서 아무 상관 없이 따로따로 떨어져 있는 듯 보였을 생각과 경험에 형태와 표정을 부여할 수 있다. 기독교의 이해(큰 그림)는 불확실함과 고통의 문제처럼 복잡한 사안들을 충분히 표현하고 담아낼 수 있을 만큼 널찍하다.

내가 신학의 역사에 흥미를 느끼는 이유 중 하나는 기독교가 발흥한 초기 몇 세기 동안 신학자들이 이런 큰 그림을 개발하고 확인하는 과정을 볼 수 있기 때문이다. 초창기 기독교인들은 현실을 꿰뚫는 원대한 비전을 믿었다. 그 비전은 동떨어진 개개의 교리들로 표현되어 있되 궁극적으로는 그 이상을 담고 있었다.

기독교 신학과 과학 이론이 발전하는 과정에는 매우 흥미로운 유사점이 있다. 과학을 연구하는 사람들은 설명이 필요한 관찰 결과를 모두 모은 다음, 모든 결과에 다 들어맞는 이론을 찾으려고 애쓴다. 'theory'라는 영어 단어의 어원인 헬라어 단어 'theoria'는 실제로 '관조하다' 또는 '보다'라는 뜻이다. 이론은 각각의 관찰 결과를 거대한 전체의 상호 연결된 부분들로 볼 수 있도록 관찰 결과들을 하나로 잇는 실과 같다. 따라서 탐구란 이러한 관찰 결과들을 해석할 최고의 방법을 찾는 것이다.

'큰 그림': 상황을 하나로 엮어내기

그렇다면 기독교의 큰 그림은 어떻게 구성되어 있을까? 내가 신학 공부를 시작하면서 알게 된 신학자 중 한 명이 제임스 패커 (1926~2020)다. 패커는 1979년에 캐나다로 이주해 밴쿠버에 있는 리젠트 칼리지의 신학 교수가 되었다. 복음주의 신학자로서 패커는 기독교 신학에서 성경의 근본적 중요성을 강조했다. 그러나 개개의 성경 구절을 아는 것만으로는 충분하지 않다는 점을 분명히 밝히면서 성경을 처음 읽는 사람들에게 이렇게 충고했다. "큰 그림을 보세요. 처음에는 특정한 문장들이 이해가 되지 않아도 너무 걱정하지 마세요. 큰 그림을 보고 나면 세부 사항이 척척 들어맞습니다."[3]

개개의 세부 사항을 이해하게 해줄 큰 그림을 찾으려는 발상은 특히 3~4세기 지중해 동부 지역의 헬라어를 사용하던 교회에서 초기 기독교 신학이 발전해온 과정을 이해하는 데 도움이 된다. 예루살렘의 주교 키릴로스(c.313~386)는 350년경 세례 받을 사람들을 대상으로 교리 문답 강의를 진행하면서 신학과 신조의 역할에 관한 중요한 설명을 제시했다.

키릴로스는 성경 증언의 복잡성과 "성경의 모든 책에서 정말로 중요한 것들을 모은 믿음의 총체에 대한 가르침'을 가능하게 하는 논리정연한 틀 안에 이를 담아내야 할 필요성"을 지적했다.[4] 따라서 신학이란 이 성경 증언의 다양한 요소들을 모으고 통합하는 것이다. 옥스퍼드에서 학생들에게 키릴로스의 접근법을 설명할 때면 나는 성경이라는 실로 신학이라는 태피스트리를 짜는 셈이라고 비유하곤 했다. 실 한 가닥 한 가닥이 소중하지만, 그 실로 짜서 드러내는 전체적인 그림이 더 중요하다.

이러한 생각은 우리를 중요한 결론에 이르게 한다. 그렇다. 신학은 성경에서 나오지만, 성경 안에만 머무르지 않는다. 신학은 복잡한 성경 증언을 하나로 엮는 큰 그림을 분별하는 것이다. 상황을 바라보는 원대한 비전은 성경에 직접적으로 드러나 있지 않다. 우리 머릿속에 있는 다양한 성경의 실들을 한데 모아서 엮으면 드러날 전체 패턴을 발견함으로써 비전이 만들어진다. 패턴 자체가 관찰되지는 않지만, 관찰되는 것들이 패턴을 가리킨다. 우리는 실을 가만히 응시하고 머릿속으로 이 실들을 엮어서 자연스럽고 이치에 맞게 하나로 묶는 틀을 만든다.

이는 삼위일체 같은 교리들을 통합하는 작업의 중요성을 이해하는 데 도움이 된다. 이탈리아 저술가 파우스토 파올로 소치니(1539~1604) 같은 16세기 후반의 복음주의적 합리주의자들은 삼위일체 교리가 성경에 공식적으로 언급되어 있지 않다는 점에서 성경적이지 않다고 주장했다. 그러자 이에 대응하여 장 칼뱅(1509~1564) 같은 다른 이들은 삼위일체 교리가 특정 성경 구절에 오롯이 드러나 있지는 않아도, 개개의 구절을 정연하게 하나로 모으면 전체 안에 내포된 하나님의 큰 그림을 제시한다는 점에서 성경적이라고 주장했다.[5]

신학적 의견 차이 이해하기

1970년대 중반, 옥스퍼드대학교에서 과학자로서 생체막生體膜의 여러 측면을 연구하는 동안 나는 다르게 해석할 수 있는 실험 결과들을 정기적으로 맞닥뜨렸다. 이론적으로 여러 가지 해석이 가능한 것이 보통이었다. 따라서 관찰 결과를 해석할 가장 좋은 방법을 선택하는 것은 크나큰 도전이었다. 과학철학에서 이 문제는 '최고의 설명을 찾아가는 추론법'으로 알려져 있으며, 수많은 해결책이 개발되어왔다.[6] 예를 들면, 이론이 간단하고 명쾌할수록 그 이론이 옳을 가능성이 크다.

나중에 신학 연구로 눈을 돌린 케임브리지대학교 수리물리학 교수 존 폴킹혼(1930~2021)은 신학자와 과학자의 지적 노력 사이에 분명한 유사점을 확인했다. 관찰한 증거를 설명할 가장 간단하고 명쾌한 이론을 찾는 것이 과학자의 목표라면, "신의 의지와 본성을 가장 투명하게 보여줄 성경 속 인물들과 사건들의 기록"을 설명할 가장 단순하고 명쾌한 이론을 찾는 것이 신학자의 목표다.[7] 폴킹혼에게는 성육신과 삼위일체에 관한 고전적인 기독교 개념이 복잡한 성경 증언을 하나로 엮는 가장 만족스러운 틀이었다.[8]

기독교 신학의 첫 단계에서는 신약성경의 기초가 되는 원대한 비전을 탐구하는 작업이 특히 중요했다. 신학의 중심지였던 이집트 알렉산드리아와 소아시아 안티오크에서는 특히 더 중요했다. 머릿속과 마음속에 있던 정의를 신약성경과 사도 시대에서 유래한 사상과 실천에 어떻게 구현할 수 있었을까? 이것들을 실이라고 생각하고 하나로 엮을 때 나올 수 있는 패턴은 어떤 게 있을까? 그중에 어떤 패턴이 가장 훌륭하고 진실한지 어떻게 판단할까?

이런 질문은 몇 가지 사안을 두고 신학자들의 의견이 갈릴 수 있는 이유를 이해하는 데 도움이 된다. 이는 과학을 포함한

다른 분야에서도 익히 잘 알려진 문제다. 예를 들어, 관측 증거가 단일 우주를 가리키는지 한 무리의 우주들(다중 우주)을 가리키는지를 두고 벌어지는 논쟁을 생각해보자. 두 가지 견해 다 각각 뒷받침하는 증거가 있지만, 어느 쪽도 결정적인 증거는 없다. 과학자들은 이 사실을 알고 있고, 그래서 논쟁을 끝낼 결정적 증거가 나타나길 기다리는 동안 정중하게 이의를 제기하는 법을 배웠다.

신학에서 이 문제는 대개 두 가지 특정 사안에 초점을 맞춘다. 첫째, 개개의 성경 구절을 어떻게 이해해야 하는가? 둘째, 여러 성경 구절을 큰 그림 안에 엮는 최상의 방법은 무엇인가? 첫 번째 의견 차이를 보여주는 좋은 예는 최후의 만찬 때 예수께서 빵을 들고 제자들에게 떼어 주시며 "이것은 내 몸이다"(마 26:26)라고 하신 말씀을 해석하는 방식을 두고 마르틴 루터(1493~1546)와 울리히 츠빙글리(1484~1531)가 벌인 16세기 논쟁이다. 루터는 성찬 때 나누는 빵이 곧 그리스도의 몸'이라'는 뜻으로 이 말씀을 해석했고, 츠빙글리는 성찬 때 나누는 빵이 그리스도의 몸을 '상징한다'는 뜻으로 이 말씀을 해석했다. 루터는 그리스도가 (어떤 점에서) 성찬례에 함께 계신다고 해석했고, 츠빙글리는 그 자리에 계시지 않은 그리스도를 기억하는 것이라고 해석했다.[9]

1980년대와 1990년대에 종교개혁 신학을 강의하면서 이 토론에 관해 가르칠 때 나는 이 신학자들이 어떻게 해서 그런 해석에 이르렀고, 반론에는 어떻게 대응했으며, 그 결과는 무엇인지 설명했다. 이 문제를 보는 내 나름의 견해가 있지만, 루터와 츠빙글리의 견해를 공정하게 다루는 게 중요하다고 생각해서 어느 쪽 해석을 받아들일지는 학생들 스스로 결정하게끔 했다.

최상의 '큰 그림' 찾기

루터와 츠빙글리의 논쟁은 성경 본문 하나를 해석하는 데 초점이 맞춰져 있다. 그런데 신학 논쟁은 신약성경에 나온 여러 본문을 하나로 엮는 최상의 방법을 놓고 벌어질 때가 더 많다. 아리우스(256~336)와 아타나시우스(c.296~373)가 예수 그리스도의 정체성을 두고 알렉산드리아에서 벌인 4세기 논쟁이 좋은 예다. 세심한 주의를 기울일 가치가 있으니 잠시 살펴보도록 하자.

아리우스는 그리스도가 영적으로 특권을 받은 인간이라는 견해를 취했고, 아타나시우스는 그리스도가 인간의 몸으로 오신 하나님이라는 견해를 취했다. 아리우스는 그리스도가 '피조물 중에 으뜸'으로서 우리와 비슷하되 우리보다 훨씬 나은 인간이라고 보았다. 아타나시우스는 그리스도가 하나님과 인간 사이를 중재하고 인간의 처지를 완전히 바꿔놓는 독특한 능력을 지닌 하나님이자 인간이라고 보았다. 아리우스와 아타나시우스는 이렇듯 전혀 다른 이론을 제시했지만, 둘 다 타당하다고 인정할 만한 방식으로 성경 본문을 해석했다. 하지만 이 기준만으로는 누가 옳은지 판단하기에 충분하지 않았다.

아타나시우스에게는 그리스도의 인성을 가리키는 개개의 성경 본문이 있었지만, 그분의 속성에 관한 이 통찰을 확장해야 하는 다른 본문들도 존재했다. 예를 들어, 신약성경은 그리스도가 우리의 '구주'라고 말하지만 유대교에서는 하나님만이 우리를 구원하실 수 있다는 견해를 널리 받아들였다. 아타나시우스는 그리스도에게 인성과 신성이라는 두 속성이 있다고 생각하는 것이 신약성경의 모든 통찰을 논리정연하게 전체 안에 엮어내는 유일한 방법이라고 주장했다.

이런 결론에 도달한 아타나시우스는 그리스도께 예배하는 전통을 근거로 들기도 했다. 이 전통은 이미 신약성경에 분명히 나타나 있고 교회 정규 예배를 통해 계속 이어지고 있었기 때문이다. 그리스도가 하나님이 아니라면, 그리스도인들은 우상숭배(하나님이 아닌 누군가 혹은 무언가에게 예배하는)라는 죄를 지은 꼴이었다. 결국 아타나시우스가 이 논쟁에서 승리했다. 그리스도의 정체성과 의의에 관한 그의 설명이 신학적으로 논리정연하고, 사도 시대부터 이어져 내려온 핵심적인 기독교 관습과도 완전히 일치한다는 점을 보여주었기 때문이다. 주목해야 할 중요한 점은 똑같은 관찰 결과에서 전혀 다른 이론이 나올 수 있고, 서로 다른 이론이 정당하게 제시되어 관찰 결과를 가장 잘 이해할 수 있는 큰 그림이 어느 쪽인지 논쟁하는 일이 실제로 벌어진다는 점이다.

여기에서 주목해야 할 점이 또 하나 있다. 그것은 바로 아타나시우스가 신약성경을 읽는 방식이다. 아타나시우스는 존중하는 마음과 진지한 태도로 성경 본문에 접근하는 작업과 본문 진술들의 복잡성 뒤에 있는 통일성을 파악하려고 노력하는 작업 모두 기독교 신학에 필요하다고 보았다. 성서학자들은 구조와 언어를 이해하려고 노력하는 데 초점을 맞추지만, 아타나시우스는 그리스도에 관한 신약성경의 묘사가 매우 명시적이든 넌지시 내비치는 수준이든 이를 밝히고 보호하고 싶어 했다.

우리는 C. S. 루이스가 〈공구실에서 한 생각〉이라는 글에서 언급한 '차이'를 생각해볼 필요가 있다. "어떤 것을 볼 때와 그것과 더불어 볼 때 우리는 전혀 다른 경험을 하게 된다."[10] 성서학자들은 성경 본문을 본다(look at). 반면에 아타나시우스 같은 신학자들은 본문을 처음 기록할 당시의 현실과 그 현실을 글로 옮기는 방식을 이해하려고 노력하면서 본문과 더불어 본다look along. 달리 말하자면, 성경 본문을 보는 사람들은 그 본문이 말하는 바 또는 가리키는 바를 보지 못할 수도 있다. 그런데 본문과 더불어 보는 사람들은 이상하고 놀라운 신세계에 들어가는 것을 목표로 삼는다. 두 가지 접근 방식 모두 중요하지만, 분명한 차이가 있다.

아타나시우스는 인성과 신성을 동시에 지니신 분으로 그리스도를 이해해야 한다는 '양성론'이 신약성경의 복잡한 증언을 이해하기에 가장 좋은 틀이라고 보았다. 이 틀이 한편으로는 복합적인 측면을 존중하면서, 또 한편으로는 전체를 연결하는 일관성을 지킬 수 있게 해주기 때문이다. 그리스도에 관한 성경의 복잡한 증언은 축소하거나 단순화해서는 안 되고, 존중해야 했다. 아타나시우스는 그리스도 안에 신성과 인성이 함께 있는 것이 인류 구원의 토대라고 보았다. 그래야만 하나님이 죄에 물들어 망가진 인간의 본성을 고치실 수 있기 때문이다. 단순히 우리에게 하나님 이야기를 들려주는 한 명의 경건한 선생 정도로 그리스도를 이해해서는 안 되었다. 그리스도는 우리를 가르치실 뿐 아니라, 하나님이 어떤 분인지 우리에게 보여주신다. 그분이 곧 성육신하신 하나님, 우리를 구원하실 수 있는 하나님이시기 때문이다.

451년 칼케돈공의회가 이 견해를 승인했고, 대다수 그리스도인이 이 견해를 기준으로 자신이 누구인지를 이해한다. 독일의 가톨릭 신학자 카를 라너(1904~1984)가 지적했듯이, 이러한 논의가 이루어진 범위를 명확히 밝힌 칼케돈공의회는 그리스도의 의의를 둘러싼 정통 기독교의 논의가 끝난 게 아니라 이제 막 시작되었음을 의미했다.[11] 그런데 칼케돈공의회는 '두 속성'을 어떻게 시각화해야 하는가 하는 문제를 풀지 못했다. 신성과 인성이 어떻게든 그리스도 안에 나란히 존재한다고 생각해야 할까? 아니면 더 긴밀하고 더 통합적인 방식으로 존재한다고 생각해야 할까?

결국 대다수의 초기 기독교 저술가들은 그리스도의 인성과 신성이 실재한다는 사실을 확언하고, 정통 그리스도론으로 간주되는 견해의 범위를 폭넓게 규정하는 것이 무엇보다 중요하다고 결론지은 것 같다. 뭐랄까, 칼케돈공의회는 신학이라는 영토에 광범위하게 울타리를 쳐서 '정통'을 구분하려고 애썼다. 실제로 칼케돈공의회는 결정적이면서 정체성을 부여하는 요소가 무엇인지 확인하는 동시에 유익한 토론과 토의가 이루어지게 허용하는 '관대한 정통'이 가능하게 했다.[12]

그런데 대체 이것이 어떤 차이를 만들어내는 걸까? 나는 그리스도의 정체성을 둘러싼 논쟁이 왜 그렇게 중요한지 설명을 좀 해달라는 요청을 기독교 공동체 밖에 있는 사람들에게 자주 듣는다. 소설가 도로시 세이어즈(1893~1957)를 안내자 삼아 이 부분을 한번 살펴보자.

도로시 세이어즈가 해설하는 성육신

앞에서 살펴보았듯이 기독교의 큰 그림은 이 세상과 그 속에서 살아가는 인간으로서 우리의 위치에 대한 해석을 제공한다. 그리고 이 해석은 우리가 그리스도를 본받아 어떻게 살아야 하는지를 알려준다. 그런데 왜 '예수'인가? 다른 사람이면 안 되는 이유라도 있는가?

도로시 세이어즈는 1940년 5월에 열린 강연에서 이 문제를 탐구했다. 당시는 영국을 대표하는 최고의 평신도 신학자로서 (C. S. 루이스와 함께) 세이어즈의 명성이 절정에 달했을 때였다. 지금은 도로시 세이어즈 하면 귀족 출신의 아마추어 탐정 피터 윔지 경이 나오는 탐정 소설을 주로 떠올리지만, 세이어즈는 단테의 《신곡》을 번역한 문학자이기도 했고 폭넓은 독자들에게 기독교 신학을 해설해주는 유능한 해석자로도 좋은 평가를 받았다.

세이어즈는 드라마틱하게 청중에게 질문을 던졌다. "그리스도인들이 아돌프 히틀러가 아니라 그리스도를 진정한 삶의 모범으로 삼는 이유는 뭘까요?" 아마도 그날 청중들은 히틀러와 그리스도를 같은 선상에서 비교하는 듯한 발언에 충격을 받았을 것이다. 어쨌거나 당시 영국은 독일과 전쟁 중이었고 많은 영국인이 히틀러를 매우 부정적인 시각으로 보고 있을 때였다. 그럼에도 세이어즈가 하려던 말의 요지는 공정하고도 중요하다. 누군가에게 '훌륭한 삶'을 배우려면 그가 정말로 모범으로 삼을 만한 인물인지 식별할 수 있어야 한다. 이것은 지극히 신학적인 문제다.

세이어즈는 "그리스도인이 기독교 신학의 핵심에 관한 자신의 견해를 밝힐 준비가 되어 있지 않으면, 기독교 도덕의 중요성에 관해 이야기하는 것은 아무짝에도 쓸데가 없다"라고 분명히 말했다.[13] 어쩌다 보니 그리스도가 가르치고 구현하는 가치들이 마음에 들어서 그리스도를 본받기로 했다면, 우리는 그리스도의 권위를 우리의 가치 판단 아래 두는 셈이다. 세이어즈는 그리스도인이 추구해야 할 미덕의 안내자가 될 만한 무언가가 그리스도에게 있어야 한다고 보았다.

> 그리스도가 누구였는지, 어떤 사람이었는지, 어떤 권위로 그런 일들을 행했는지는 별로 중요하지 않으며, 설사 한낱 인간이었다고 해도 꽤 괜찮은 사람이었다면 우리는 그의 원칙을 따라 살아야 한다고 말하는 건 아무짝에도 소용이 없다. 그것은 그저 휴머니즘에 불과하고, 독일에 사는 '보통 사람'이 히틀러가 그리스도보다 훨씬 더 매력적인 원칙을 견지한 더 괜찮은 부류라고 생각한다면, 그리스도인 휴머니스트는 대꾸할 말이 없기 때문이다.[14]

세이어즈가 정확히 필요한 수준을 넘어서 조금 세게 자기주장을 내세운 이유는 당시가 전시 상황이었기 때문일 것이다. 그러나 '다른 이'가 아니라 '그리스도'를 신앙생활의 최종 모범으로 만드는 특성이 그리스도에게 있어야 한다는 세이어즈의 주장은 매우 중요하다.

세이어즈는 신약성경에 드러나 있고 성육신이라는 기독교 교리에 공식적으로 표현된 그리스도의 독특한 정체성에서 이 특성을 찾는다. "그리스도가 그냥 사람일 뿐이라면, 그분은 하나님에 관한 어떤 생각과도 아무 상관이 없다. 그리스도가 오로지 하나님이기만 하다면, 그분은 인간 삶의 어떤 경험과도 아무 상관이 없다."[15] 선생으로서 그리스도의 권위는 그분의 가르침을 어떻게 평가하는지 우리 각자의 주관적 판단에 달린 것이 아니라, 그분이 누구이신지에 달렸다. 세이어즈는 기독교의 큰 그림 안에서 그리스도가 차지하는 위치가 믿음의 정당한 이유가 된다는 사실을 우리가 깨닫기를 바란다. 그분이야말로 우리가 그리스도인으로서 어떻게 살아야 하고 무엇을 소중히 여겨야 하는지 본을 보여줄 수 있다는 믿음 말이다. 그리스도는 우리에게 단순히 하나님에 대해 말해주시는 것이 아니라 하나님이 어떤 분인지 보여주신다.

성육신 교리가 제공하는 창을 통해 하나님을 바라봄으로써 이 접근법을 더 발전시켜보자. 우리가 하나님을 생각하는 방식에 이것이 어떤 변화를 가져올까? 이 예를 선택한 이유는 개인적으로 내게 중요한 문제였기 때문이다. 10대 시절에 나는 하나님이 나와 아무 상관이 없다고 믿었고, 이 믿음은 무신론을 부채질한 요소 중 하나였다. 신은 하늘에 있었고, 나는 시간과 공간의 한가운데 땅에 있었다. 신은 내 세계에 관여하지도 함께하지도 않았고, 내 상황과 아무 관련이 없었다.

그러다 옥스퍼드대학교에 입학하고 첫 학기에 성육신이라는 기독교 교리를 알게 되었다. 만약 그 교리가 옳다면 국면이 완전히 뒤집히리란 것을 단번에 알 수 있었다. 하나님은 나와 동떨어진 무관한 존재도 아니었고, 관념상의 선언도 아니었다. 사람의 형상으로 시공간이 존재하는 나의 세계에 들어오기로 선택하신 분이셨다. 하나님은 우리를 하나님에게로 인도하기 위해 우리에게 오셨다. 이 개념에 관해서는 해야 할 말이 많으므로 나중에 다시 이야기하겠지만, 중요한 것은 이 개념이 하나님을 생각하고 시각화하는 새로운 방식을 우리에게 제공한다는 점이다. 그리스도인들은 우리가 단순히 우리 하나님의 성품을 아는 것이 아니라, 하나님의 얼굴을 볼 수 있다고 생각한다. 하나님은 "보이지 않는 하나님의 형상"(골 1:15)이신 그리스도와 같다. 만약 하나님이 어떤 분이냐는 질문을 받는다면, 그리스도를 가리키면 된다. (이렇게 말해도 될지 모르지만) 하나님의 성품과 얼굴을 공개할 수 있도록 하나님께 권한을 부여받은 분이 그리스도이시기 때문이다.

신앙의 풍경을 지도로 그리다

이 책 앞부분에서 '신앙의 풍경'이라는 이미지를 소개한 바 있다. 이 풍경을 지도로 그려서 개별적인 특성을 탐구할 수 있도록 돕는 것을 신학의 목표로 제시한 기독교 저술가가 많다는 이야기도 했다. C. S. 루이스는 이런 접근법을 사용했다. "신학은 지도와 같다. … 교리는 하나님이 아니다. 일종의 지도일 뿐이다.

그러나 그 지도는 정말로 하나님을 만났던 수백 명의 경험에 토대를 두고 있다."[16]

무신론자였을 때 나는 단순하고 따분한 신조들을 관념적으로 받아들이는 것이 기독교 신앙이라고 생각하는 경향이 있었다. 신조들이 사실은 우리를 불러서 자기들이 가리키는 바를 발견하고 만나게 하는 지도라는 것을 그때는 이해하지 못했다. 하나님은 우리가 신뢰하는 분이다. 신학은 하나님에게 이르는 길을 지도로 만들고, 그리스도인들이 하나님을 어떻게 경험하고 시각화하고 이해했는지 그 풍경을 스케치해서 우리가 하나님을 찾도록 도와준다.

이처럼 신학을 '신앙의 풍경을 지도로 만드는 작업'으로 생각하는 건 분명 도움이 된다. 하지만 오해의 소지가 있으니 주의가 필요하다. 우선 풍경 자체와 지도를 혼동해서는 안 된다. 종이 한 장이나 디지털 이미지 한 개는 산경山景의 아름다움과 복잡한 특징들, 광대함을 온전히 담아내지 못한다. 또한 아름다운 경치를 볼 때 우리 안에는 [알베르트 아인슈타인(1879~1955)의 말대로] '기뻐서 어쩔 줄 모르는 경탄'[17]이 터져 나오는데, 지도는 그런 경험을 포착하지도 끌어내지도 못한다. 지도는 우리가 그러한 풍경을 찾아서 그 안에 들어가 탐험하는 데 도움이 된다. 하지만 그 풍경의 깊이와 세부, 우리가 생각하고 느끼는 방식에 그 풍경이 끼친 영향을 제대로 포착하지는 못한다.

앞서 철학자 메리 미즐리를 언급한 바 있는데, 미즐리가 후기에 쓴 작품들은 복잡한 현실을 지적으로 감당할 수 있는 무언가로 축소하거나 거슬리는 측면을 걸러내려고 애쓰는 사람들에 대해 대단히 비판적이다.[18] 미즐리는 현실을 '지도로 제작하는' 이미지를 활용하여 이런 환원주의reductionism(복잡하고 추상적인 사상이나 개념을 단일 레벨의 더 기본적인 요소에서부터 설명하려는 입장으로, 특히 과학철학에서는 관찰이 불가능한 이론상의 개념이나 법칙을 직접 관찰 가능한 경험명제의 집합으로 바꾸려는 실증주의적 경향을 가리킨다―옮긴이)에 맞선다. 우리는 우리가 사는 세상의 많은 단계와 측면을 단 하나의 지도나 이론(과학 같은)으로 완전하게 담아낼 수 없다는 사실을 직시해야 한다.

미즐리가 강조하려 한 요지는 신학적으로 정말 도움이 되는 태도다. "사고의 질은 우리가 이해하고자 하는 현실만큼 깊고 복잡해야 한다." 이 말은 그 어떤 도움도 받지 않은 (그러나 문화에 영향을 받은) 인간의 이성이 확정한 거푸집 안에 지나칠 정도로 단순하고 간편하게 모든 것을 부어 넣으려는 합리주의, C. S. 루이스의 말을 빌리자면 "그럴듯해 보이나 실상은 얄팍한 합리주의"[19]를 피하려면, 하나님과 이 우주를 이해하려고 분투해야 한다는 뜻이다.

미즐리의 비판은 주로 리처드 도킨스가 공격적으로 설파한 과학적 환원주의를 향한 것이지만, 더 넓은 범위에서 보아도 이런 우려는 의미가 있다. 하나님과 이 세상을 제대로 표현하려면, 다수의 지도를 활용하고 그 지도들을 포개서 다양한 통찰에서 유익을 얻고 각각의 지도가 서로 어떻게 연결되는지 알아내야 한다. 미즐리는 어떤 지도든 단편적일 수밖에 없으므로 결국에 우리는 '전부 불완전한, 지도 모음'을 사용하게 된다고 보았다. 우리는 그렇게 불완전한 지도들을 모두 합성하여 우리가 이해하고 표현하고자 애쓰는 복잡한 현실이 반영된 '합성 그림'을 구축한다.[20]

지도를 만든다는 이런 발상은 '그리스도인은 어떻게 구원을 이해해야 하는가' 하는 문제를 생각할 때 특히 도움이 된다. 신약성경은 기독교 구원 사상의 여러 측면을 조명하기 위해 다양한 이미지를 폭넓게 활용한다. 그중에는 구약성경 속 제의 세계에서 끌어온 이미지(희생 제사)도 있고, 법정에서 끌어온 이미지(칭의)도 있고, 로마 가정법에서 끌어온 이미지(양자 됨)도 있고, 대인 관계에서 끌어온 이미지(화해)도 있다.[21] 구원을 포착한 한 지도는 '그리스도의 죽음'의 의미를 구약성경 속 희생 제사 안에서 찾음으로써 이스라엘 종교 관습과의 연속성을 강조하는 동시에 그리스도인들에게는 이제 이 희생 제사가 유효하지 않다고 선언한다. 개념상의 또 다른 지도는 '양자 됨'이라는 개념을 제공함으로써 하나님의 집과 교회 공동체 안에서 신자가 얻게 되는 새로운 관계적 · 법적 지위를 강조한다.

이들 지도 각각은 구원의 본질을 직시하는 고유한 관점을 제시하되, 궁극성이나 배타성을 주장하지 않는다. 자기가 최종본이라거나 자기만 옳다고 주장하지 않는다는 말이다. 어떤 지도도 그 자체로는 완전하지 않다. 거대한 현실을 부분적으로 설명해줄 뿐이다. 미즐리가 말한 대로, "모든 것을 보여주는 지도는 없다. 각 지도는 특정 질문에 답하는 데 집중한다. 각각의 지도는 주어진 특정 질문에 답을 제시한다는 의미에서만 전체를 '설명'할 뿐, 다른 질문에 대해서는 답을 하지 못한다."[22] 따라서 기독교 구원론의 진가를 제대로 알아볼 수 있도록 거대한 전체 그림을 이해하는 데 이바지하는 각 지도의 분명한 역할을 존중하면서 이들 지도를 하나로 엮는 일, 이것이 신학의 과제다. 이 부분에 관해서는 4장에서 좀 더 살펴보자.

신학은 우리가 기독교 신앙의 여러 측면과 요소를 알아보고 존중하는 동시에 기독교 신앙의 통일성을 유지하도록 돕는다. 신학은 기독교 신앙의 여러 측면을 각각 보존하고 하나하나 제대로 인식하고자 꾀한다. 학생들과 이 점을 탐구할 때는 과학의 역사에서 끌어온 비유를 종종 사용하곤 했다. 아이작 뉴턴(1643~1727)이 1665년에 케임브리지대학교 트리니티 칼리지에서 진행했던 유명한 실험을 생각해보자. 뉴턴은 태양 광선이 프리즘을 통과하도록 실험을 설계했고, 프리즘을 통과한 빛이 빨간색, 주황색, 노란색, 초록색, 파란색, 남색, 보라색 등 다양한 색깔로 바뀐다는 사실을 알아냈다. 이로써 백색광은 복합체이고, 여러 가지 요소로 구성되어 있으며, 이 구성 요소들을 각각 분리해서 따로따로 연구할 수 있다는 사실이 밝혀졌다. 그런데 이 구성 요소들은 전부 더 거대하고 다채로운 전체의 한 부분이고, 뉴턴이 밝혀낸 대로 이 요소들을 재구성하면 본래의 백색 광선을 다시 만들 수 있다.

기독교는 단일한 전체이자 하나의 큰 그림이지만, 다채롭고 복잡해서 탐구하고 식별하고 공표하고 적용할 필요가 있다. 신학은 우리가 줌인해서 세부(색깔들)를 식별하고, 줌아웃해서 모든 요소가 어떻게 결합해 있는지(백색 광선) 볼 수 있게 도와준다. 신학이 매우 보람된 작업인 이유가 여기에 있다.

그러나 모두가 신학의 판단에 동의하는 것은 아니다. 다음 장에서는 신학을 향한 중대한 비판 다섯 가지를 살펴보고, 이런 비판을 어떻게 반박할지 생각해보려 한다.

3장

신학에 대한 다섯 가지 비판

신학을 향한 비판이 몇 가지 있다. 따라서 신학의 유익과 성과를 탐구하기 전에 잠시 멈춰서 이 비판들에 귀를 기울여야 한다. 기독교 신학자로서 좀 알려진 편이어서인지, 많은 사람이 내게 편지를 보내 신학과 씨름하며 겪는 어려움을 토로한다. 애석하게도 시간이 여의치 않아 제대로 답장을 써 보내지는 못하지만, 그들이 겪는 문제를 메모해두었다가 글을 쓸 때 그 문제를 다루려고 노력한다. 이번 장에서는 다섯 가지 우려를 살펴볼 생각이다. 대부분은 그리스도인들이 표명했던 우려들이다. 하지만 첫 번째 비판은 서구 문화에서 흔히 접하는 것이다.

신학은 공허한 헛소리에 불과해서 연구할 가치가 없다

서구에서는 똑똑하고 유식한 사람이 왜 굳이 신학을 공부하고 싶어 하는지 이해할 수 없다며 고개를 내젓는 사람이 많다. 나도 예전에는 그렇게 생각했었다. 그래서 이 비판을 반박할 수 있다고 생각하고, 그 이유를 설명하려 한다. 진지한 무신론자들에게 신학은 중요하다. 그리스도인들이 무엇을 믿는지, 그것을 왜 믿는지, 그런 사상을 어떻게 특정한 방식으로 표현하게 되었는지를 설명해주는 것이 바로 신학이기 때문이다. 만약 당신이 영리하고 확실하게 기독교를 비판하고 싶다면, 먼저 기독교의 근본 교리를 파악해야 한다. 그래야만 한편으로는 기독교와 그 비판자들 사이에, 다른 한편으로는 기독교가 무엇인지 궁금해하는 사람들 사이에 생산적이고 유익한 대화가 이루어질 수 있다.

대표적인 무신론자 리처드 도킨스와 공방을 벌이면서 나는 신학이 중요한 이유를 새삼 절감하게 되었다. 우리는 옥스퍼드 대학교에서 열린 비공개 토론회에서 처음 만났다. 그때 도킨스는 오직 과학만이 삶에 관한 모든 중요한 질문에 답할 수 있다고 주장했다. 2003년에 나는 '과학과 기독교에 대한 도킨스의 견해'를 연구하여 신학적으로 분석하고 평가한 글을 썼다. 그리고 이듬해에 책으로 출간했다. 신앙에 대한 그의 비판 몇 가지를 세세히 따져보고 그 비판에 대한 반박을 전개한 책이다.[1] 나는 도킨스를 비판하기 전에 내가 그를 제대로 이해했는지 확인하고 싶었다.

영향력이 막강했던 도킨스의 책《만들어진 신The God Delusion》이 2006년에 출간되었다. 지금은 '신무신론'으로 알려진 운동의 대표 선언문으로 여겨지는 책이다. 신무신론은 그로부터 10년 뒤 흐지부지되었다. 나는 아내와 함께 기독교에 대한 도킨스의 비판을 반박하는 글을 썼다. 기독교에 관한 도킨스의 얕은 이해에 우려를 표명하고, 신앙에 대한 그의 비판에 답하는 글이었다.[2]

요지는 다음과 같다. "신학은 그리스도인이 무엇을 믿는지를 설명한다. 당신이 기독교가 옳다고 생각하든 그르다고 생각하든, 신앙의 문제들을 놓고 벌이는 모든 공개 토론에서는 신학이 중요하다. 기독교를 비판하고 싶다면 그래도 된다. 하지만 적어도 비판을 하려면 기독교가 실제로 무엇인지는 제대로 알아야 한다." 도킨스가 신학을 진지하게 받아들이지 않는다는 점은 기독교에 대한 그의 비판이 대개 오해와 오독, 그리고 (슬프게도) 편견으로 보이는 것에 기반을 두고 있음을 의미한다. 문화·문학비평가 테리 이글턴(1943~)이《만들어진 신》을 비평한 글에서 냉혹하게 지적한 대로다. "생물학에 관해 아는 거라고는 고작해야《영국 새들에 관한 책Book of British Birds》수준의 지식이 전부이면서 그 주제를 놓고 장황하게 말을 늘어놓는 사람을 상상해보라. 그러면 신학을 다룬 리처드 도킨스의 책을 읽는 것이 어떤 느낌일지 대충 짐작할 수 있을 것이다."[3]

내가 아는 대다수 무신론자는 이 신학적 비전에 본인이 동의하든 안 하든 그것의 일부라도 이해하는 일이 중요하다고 생각한다. 하지만 도킨스는 그러지 않았다. 도킨스가 기독교에 가하는 비판은 그가 기독교에 대해 아는 것이 거의 없으며, 신학에 대한 이런 무지와 신앙에 대한 문화적 혐오를 공유하고자 처음부터 특정 독자층을 염두에 두고 책을 썼음을 시사한다. 내가 만난 이들 중에 도킨스가 우스꽝스럽게 그려놓은 캐리커처를 통해 기독교를 바라보는 사람이 얼마나 많은지 알고 나서 정말 깜짝 놀랐다. 그런 사람들이 똑똑하고 유식한 그리스도인들과 토론하다 쉬 흔들리고 무너지는 것은 그리 놀랄 일이 아니다.

이 점에서 미국의 대표적인 진화생물학자 스티븐 제이 굴드 (1941~2002)와 도킨스는 극명하게 대조된다. 굴드는 불가지론을 견지하고 있지만, 자신이 동의하지 않는 바를 이해하는 데 방해가 되지 않도록 불가지론을 잠시 밀쳐두었다. 그는 신학이 우리가 속한 세상과 그 속에서 살아가는 우리의 위치를 이해하려는 중요하고 의미 있는 시도임을 깨닫고 신학을 진지하게 받아들였다.[4] 굴드는 자연을 관찰하여 수집한 사실들을 설명하고자 이론을 개발하는 작업이 과학이라면, 인간의 존재 의미와 도덕적 가치에 관한 질문들을 다루는 작업이 신학이라고 보았다. 삶에 대처하려면 우리에게는 이 두 분야의 지식이 모두 필요하다.

신학에 대한 도킨스의 비판은 그가 주장하는 '과학주의', 즉 오직 과학만이 삶을 둘러싼 중대한 질문들에 답할 수 있다는 신념에 근거한 것이다. 종교적 비평가와 비종교적 비평가를 막론하고 많은 이들이 지적했듯이, 인간 지식에 대한 도킨스의 편협한 접근 방식은 절망적일 정도로 무딘 도구로, 비단 신학뿐만 아니라 철학이나 시와 같은 지적·문화적 삶의 다른 중요한 영역까지 완전히 파괴해버린다. 문화비평가 닐 포스트먼(1931~2003)은 너무도 많은 사람이 자연과학의 능력을 지나치게 과대평가하는 이 문제를 적절히 지적한 바 있다.

> 과학은 우리 대부분이 풀고자 애쓰는 문제들에 답을 제시하지 않는다. 우리의 기원과 종말을 놓고 과학이 하는 이야기는 (최대한 좋게 말해도) 만족스럽지 못하다. "이 모든 게 어떻게 시작되었나?"라는 질문에 과학은 "아마도 우연히"라고 답한다. "이 모든 건 어떻게 끝날까?"라는 질문에도 과학은 "아마도 우연히"라고 답한다. 그리고 많은 사람에게 이 우연한 삶은 살 가치가 없다. 게다가 과학의 신은 "우리가 왜 지금 여기 있는가?"라는 질문에 아무런 답도 하지 않는다.[5]

서문에서 언급했듯이, 이제는 도킨스의 견해를 상상력이 부족하고 순환논증의 오류에 갇혀 있다고 보는 시각이 일반적이다. 도킨스는 자기 나름의 결론을 전제로 논지를 전개한다. 다행히도 이제 철학과 신학은 자기 자리로 돌아가 삶을 둘러싼 중대한 질문들에 도킨스의 만족스럽지 못한 과학에 대한 과잉 해석보다 훨씬 더 다채롭고 만족스러운 의견을 제시하고 있다.

대다수의 보통 그리스도인들과 신학은 아무 상관이 없다

수년에 걸쳐 수많은 보통의 그리스도인들, 더러는 많이 배우고 학업 면에서 우수한 성과를 낸 그리스도인들이 '기이한 용어'나 '지적 내향성', '신앙생활과 유리됨' 등을 이유로 신학에 흥미를 잃었다고 내게 토로해왔다. 무슨 말인지 안다. 신학은 대개 일상 생활과는 거의 관련이 없는 용어를 사용한다. 심지어 신약성경 에서 쓰는 용어와도 완전히 다른 용어를 쓰는 것 같다.

신학은 지나치게 학술적이라서 보통 사람을 배제하는 용어 를 쓰고, 들어본 적도 없는 저자들의 저술을 연구하고, 아무도 흥미롭거나 중요하다고 여기지 않는 질문들을 다루는 듯 보인 다. 예일대학교 종교철학자 데니스 터너(1942~)는 이처럼 "신 학 부족 방언으로 포장한 사상의 우둔함"[6]에 항의하는 사람 중 하나다. 많은 사람이 신학을 쓸모없게 여기는 것은 그리 놀랄 일이 아니다.

하지만 공정하게 생각해보자. 모든 전문 집단은 자기들만의 고유한 어휘 또는 용어를 개발한다. 자동차 정비공, 투자 전문 가, 의사들 모두 보통 사람은 도저히 이해하기 어려운 용어를 쓰지만, 전문 업무를 수행할 때나 어떻게 하면 업무를 더 잘 수행할지 의견을 교환할 때 자기들이 쓰는 용어를 완벽하게 이해한다. 대다수 학자는 내부인에게 말할 때와 외부인에게 말할 때 다른 방식으로 이야기한다. 대중 매체가 전문 분야에 정통하되 그 전문 지식을 보통 사람들에게 일상 언어로 설명할 수 있는 경제학자, 철학자, 물리학자를 끊임없이 찾는 이유도 그 때문이다. 이것은 신학에서도 마찬가지다. 학구적인 신학자들 가운데는 동료 신학자들과 교류하며 질문과 토론에 열중하는 것이 신학자로서 자기 역할이라고 생각하는 이들이 있다. 반면에 나와 로완 윌리엄스(1950~) 같은 사람들은 신학자끼리 모인 전문가 집단을 넘어서 더 광범위한 문제에 참여할 책임이 있다고 생각한다.[7]

왜 많은 기독교 평신도와 성직자가 학술적인 신학에 의구심을 품는지는 충분히 이해가 간다. 신학은 흔히 일상의 관심사와 동떨어져 보인다. 그래서 대다수 기독교 신학자들이 교회와 신앙 공동체의 안녕을 위해 열성적으로 매달리고 있다는 사실을 아는 것이 중요하다. 긴 역사를 통해 기독교 신학은 주로 사색하는 실천가들에 의해 개발되어왔다. 회중을 교육하여 그들이 신앙 안에서 성장하도록 돕고 싶어 하는 주교들과 목사들, 그리고 수도원에서 자신과 동료 수도사들을 위해 참된 그리스도인의 영성과 기도 생활을 개발하고 싶어 했던 저자들 말이다. 그들에게 배울 것이 많다.

그러나 신학을 포함하여 모든 엄밀한 학문 분야에는 프랑스어로 'intellectuels engagés'(사회 참여 지식인)라고 부르는 이들이 성장하게 마련이다. 전문 분야에 깊게 뿌리 내린 공공 지식인들은 현실의 문제와 접점을 만드는 작업을 중요하게 보고, 청중의 언어로 이야기하고, 자기 분야에 정통한 전문성을 바탕으로 폭넓은 문제에 참여한다.

물론 "전부 다 해결할 수 있다. 우리를 믿어라. 우리가 전문가다" 하고 나서기 좋아하는 일부 공공 지식인의 태도에 많은 사람이 짜증을 낸다. 그러나 요점은 그들이 이쪽 편에 있는 전문 지식 및 업무와 저쪽 편에 있는 일상 세계의 중요한 문제들 사이에 필수적인 접점을 나타낸다는 점이다.

신학의 경우 신학 지식 및 업무와 더 폭넓은 공동체를 잇는 주요 접점은 전 세계 교회에서 매주 하는 설교 또는 강론이다. 설교란 무엇인가? 깊숙이 들여다보면, 설교는 회중 앞에 낭독한 성경 구절을 깊이 숙고한 뒤 신학적으로 번역하고 적용하는 행위다. 설교는 기독교 신앙의 본질을 회중의 머리와 가슴에 새겨 넣고, 믿음의 시야를 확장하고, 지역 현안이나 관심사와 접점을 만들고자 애쓴다. 따라서 설교는 설교자가 기독교 전통의 지혜와 청중 사이에 연결고리가 되는 해석 작업이다.

그가 평신도이든 성직자이든, 설교자는 성찰적 지혜의 원천이며, 회중 개개인이 신앙 안에서 성장해나가도록 장려하는 촉매제다. 설교자는 신학 전통의 풍요로움에 깊이 발을 담그고,

이를 바탕으로 지역 공동체를 풍요롭게 하고 지역 공동체에 그 풍요로움을 알릴 수 있는 사람이다. 여기에 대해서는 신학에 쏟아지는 다음 비판을 다룰 때 더 이야기하려 한다.

교회 생활에는 신학이 설 자리가 없다

교회 문화가 갈수록 실용성을 중시하는 방향으로 바뀌면서 교파 관리자들 사이에는 신학을 시간 및 노력 낭비로 보는 시각이 널리 퍼져 있다. 이제 성직자들은 신학 공부 한답시고 괜히 시간 낭비할 것 없이 교인 수 늘리는 법을 배워야 한다. 교회에는 시장 점유율을 높이고 더 많은 사람을 수용할 방법을 아는 리더가 필요하다. 이미 죽은 과거의 저자들을 연구하는 대신, 미디어 컨설턴트나 커뮤니케이션 전문가, 소셜미디어 인플루언서처럼 현시점에 중요해 보이는 사람들에게 초점을 맞춰야 한다. 교회 생활은 긍정하고 환영하고 포용하는 것이다. 신학은 실용적인 가치가 없고, 급변하는 문화 지형에서 교회가 멸종하지 않게 막을 수 있는 유일한 길인 교회 성장을 방해할 뿐이다.

이런 견해에는 이의를 제기할 필요가 있다. 이를 설명하자니, 의사 집안 출신인지라 자연스럽게 의학이라는 중요한 분야로 눈을 돌리게 된다. 의학은 실용적인가? 당연히 실용적이다. 그러나 의사 '업무'는 인체가 어떻게 작용하는지, 인체가 작용하는 과정에 특정 약물이 어떻게 영향을 끼치는지를 이해하는 의학 지식과 의학 '이론'을 적용하는 능력이 좌우한다. 의사는 이론과 실제의 접점에 서 있는 사람이다. 의사는 진단과 치료에 필요한 여러 학과에 관한 자세한 지식을 흡수하여 이 지혜를 환자 개개인에게 적용한다. 진단을 설명하는 법을 익히고, 환자들에게 신뢰를 얻기 위해 일상 언어로 권고한다. 물론 이런 지식과 전문성을 갖추기까지는 시간이 걸린다. 예를 들어, 옥스퍼드대학교에서 의학 과정을 이수하려면 6년이 걸린다.

여기에는 분명 신학과 유사점이 있다. 기독교 성직자에게는 다양한 기술이 필요하다. 그중 하나가 기독교 신앙의 지혜를 회중의 상황에 적용하는 능력이다. 이 능력은 무엇보다 설교를 통해 발휘되어야 한다. 설교자들은 성경은 물론이고 성경 본문을 해석하는 오랜 전통에 깊이 뿌리를 박고, 자기가 목회하는 신앙 공동체를 파헤쳐 성도들에게 이 지혜를 적용할 줄 알아야 한다. 독일 철학자 한스 게오르크 가다머(1900~2002)가 언급한 이미지를 빌려 말하자면, 설교자가 할 일은 '두 지평'[8]을 연결하는 것이다. 하나는 기독교 신앙이고, 다른 하나는 회중이다. 이 일을 수행하는 법을 배우기까지는 시간이 걸린다. 세미나 한번 참석하고 곧바로 터득할 수 있는 기술이 아니다.

설교자들은 신학자들이다. 삶을 대하는 기독교의 시각을 자기가 목회하는 성도들 상황에 맞게 해석하고 적용하는 사람들이다. 설교자들은 학문적 신학자가 아닐 수 있다(그런 사람도 더러 있지만). 그러나 그들이 신학을 실천하고 있다는 점에는 의심의 여지가 없다. 설교자들은 기독교 신앙을 설명하고 해석하고 적용한다. 카를 바르트(1886~1968)는 스위스의 작은 마을 자펜빌에서 설교자로 사역하는 동안 자신의 신학을 발전시켰고,[9] 대다수 초기 기독교 신학자들이 신앙과 삶을 연결할 목적으로 자신의 설교 모음집을 우리에게 남겨주었다는 점을 기억하자. 실제로 아우구스티누스는 약 8천 편의 설교를 한 것으로 추정하는데, 그중 수백 편이 지금까지 남아 있다.

이 작품들을 읽으면서 배울 점도 분명 있겠지만, 이 신학자들이 '설교자'였으며 설교자로서 자신의 소명을 다하려면 신학 해석 및 적용이 필수라고 보았다는 사실을 단순히 기억하고 제대로 인식하기만 해도 배우는 점이 더 많을 것이다. 신학과 설교를 분리하는 오늘날의 흐름은 불필요할 뿐 아니라 지극히 인위적이다. 설교와 영성, 목회적 돌봄을 포괄하는 신학의 본래 의미를 되찾아야 한다. 한때는 그렇게 했었고, 마땅히 그렇게 해야 한다는 것이 내 생각이다.

신학은 성경에서 이탈한 듯 보인다

실제로 이런 우려가 성경을 기초 자료로 삼는 많은 그리스도인 사이에 널리 퍼져 있다. 성경은 그리스도인의 삶의 중심이다. 공

예배 때 함께 읽을 뿐 아니라, 많은 그리스도인이 개인적으로 성경을 읽는다. 더러는 성경의 의미를 더 깊이 이해하고자 경건 서적이나 전문 주석을 활용하기도 한다. 성경 봉독은 신앙생활에서 성경이 차지하는 위치를 똑똑히 보여준다. 대다수의 전통적인 예배 형식에는 성경 본문을 봉독하는 순서가 들어 있다. 해석의 체계를 제시하는 신조 중 하나를 암송하고, 설교를 통해 본문을 숙고하고 해석하고 적용한다.

철학적 형식이 강한 일부 신학의 경우 성경과 상호작용하는 부분이 극히 적은 것은 분명한 사실이다. 놀랍게도, C. S. 루이스가 구체적인 성경 본문을 '명시적'으로 다룬 경우는 거의 없다. 성경에 대한 깊이 있는 이해를 글을 통해 '은연중'에 보여줄 뿐이다.[10] 그러나 초기 기독교 신학자들은 성경에 깊숙이, 명명백백하게 뿌리를 박고 있었다. 그들은 성경의 기본 주제를 체계적으로 설명할 방법을 궁리하고, 신앙생활에 이를 적용하는 것이 자기가 할 일이라고 여겼다. 예를 들어 예루살렘의 주교 키릴로스는 350년경에 23편의 '교리 강의'를 했는데, 강의 때마다 기독교 신앙에 대한 더 폭넓은 논의를 시작하기에 앞서 성경 본문을 먼저 탐구했다.

키릴로스만 예외적으로 그렇게 한 것이 아니다. 키릴로스처럼 성경을 활용하는 예가 일반적이다. 성경 주석의 형식을 취하든 조직신학 책의 형식을 취하든, 초기 기독교 신학 작품에는 성경 본문을 부연하는 내용이 담겨 있는 경우가 많다. 최근 몇

십 년 사이에 이 작품들을 쓴 저자들을 향한 관심이 되살아나고, 현시점에 신학적 숙고를 격려하는 이 작품들의 중요성에 대한 인식이 높아진 이유 중 하나도 이 때문일 것이다.

그러나 신학은 성경 구절을 단순히 반복하는 것이 아님을 제대로 인식해야 한다. 현재 진행 중인 논쟁과 우려를 향해 목소리를 낼 수 있도록 성경 구절을 해석해야 한다는 말이다. 영국의 대표적인 신약학자 존 바클레이(1958~)가 지적한 대로다.

각 세대에, 각각의 문화적·역사적 맥락에서 우리가 할 일은 이러한 성경 구절들을 단순히 보존하는 것이 아니라, 펼쳐서 설명하고 그 뜻을 파악하려고 애쓰는 것이다. '선생들'이 끊임없이 변하는 우리의 현재를 붙잡고 대화하며 설득해나가듯이 말이다.[11]

신학은 성경의 주제들과 구절들을 하나로 엮어서 '개별적으로' 보면 드러나지 않아도 하나로 '합쳐서' 보면 드러나는 원대한 비전 안에서 이해할 수 있게 한다. 앞서 우리는 신학이 개개의 성경 주제를 엮어서 현실을 꿰뚫는 큰 그림을 제시하는 방법을 고찰하면서 이 점을 살펴보았다.

바클레이 역시 신학에 모든 시간과 장소에 유효한 방식으로 진술할 수 있는 "'최종' 형식의 담론은 없다"[12]고 주장한다. 신약성경에 나온 말씀들이 의미하는 바를 현대 언어로 설명하지 않고 단순히 반복하는 것만으로는 충분하지 않다. 신학적 해석이란 시간이 지남에 따라 변하는 문화 방언으로 번역하는 것을 의미한다. 오늘을 살아가는 독자들에게 현재 성경 본문이 의미하는 바를 전달하는 것이 신학의 목표다.

바클레이의 말을 빌리자면, 우리는 과거에 했던 시도들이 지금은 시대에 뒤처져 보인다는 점을 인정하고, "21세기에 반향을 불러일으키는 방식으로 바울과 대화하는" 것이 무엇을 의미하는지 물어야 한다. 우리는 "우리와 동시대를 살아가는 사람들에게 정말로 좋은 소식이 될 만한 방식으로 바울의 말뜻을 다시 명확히 표현해야" 한다.[13] 지금은 익숙하지도 않고 오해의 소지가 다분한 용어로 쓰인 예전 표현을 단순히 반복하기보다는 오늘날의 청중에게 가닿을 만한 언어와 개념으로 성경적 믿음의 참모습을 끊임없이 번역할 수 있게 하는 것, 이것이 우리에게 신학이 필요한 이유다.

신학은 서양의 발명품이다

오늘날 기독교는 세계적인 종교다. 중세 시대에는 주로 유럽이 지리적 중심지였지만, 지금은 아시아, 아프리카, 라틴아메리카에 기반을 둔 더 역동적인 형태로 전 세계에 퍼져 있다. 지난 몇십 년 동안, 남아프리카와 중동, 인도, 중국, 일본에서 내게 편지를 보낸 사람들은 내가 여기에서 다룰 가치가 있다고 생각한 우려를 표명했다. "신학은 서양의 발명품이므로 지리적으로나 문화적으로 확장된 오늘날의 기독교에서는 신학에 특권적 지위를 부여할 수 없다. 왜 세계 기독교가 서양 이데올로기에 따라 빚어져야 하는가?"

실제로 어떤 형태의 기독교 신학은 서구의 맥락에 영향을 받았을 가능성이 있고, 따라서 아프리카와 아시아의 맥락에는 도움이 되지 않는다. 그러나 신학 자체는 '서구'가 존재하지도 않았던 시기까지 거슬러 올라간다. 오늘날 신학 토론에서 핵심 참조 문헌의 저자로 자주 언급되는 가장 영향력 있는 기독교 신학자 두 사람의 문화적 배경을 고려하면 이 점이 중요함을 알 수 있다. 사실, 이 책에서도 두 사람을 이미 언급한 바 있다. 그러니 이제 그들을 조금 더 자세히 살펴볼 차례다.

이집트 신학자 아타나시우스는 후기 고전고대 그레코로만 세계에서 인종이 가장 다양한 도시 중 하나였던 알렉산드리아에서 태어났다. 그의 저술은 그가 콥트어와 헬라어에 능통했음을 보여준다. (3세기 이후 모슬렘이 이 지역을 정복하면서 아랍어가 고대 이집트 콥트어 대신 이집트의 주요 언어가 되었다.) 오늘날 아타나시우스는 신학자들이 가장 자주 인용하고 연구하는 학자 중 한 명이고, 그가 쓴 《성육신론De Incarnatione》은 신학 발전에 크게 이바지한 기념비적 작품으로 평가받는다.

아우구스티누스는 북아프리카 누미디아 왕국의 영토에서 태어났다. 누미디아에는 토착민인 베르베르족, 지중해 동부에서

온 페니키아 이민자들의 후손, 로마 이민자, 이렇게 세 그룹이 주류를 형성하며 살고 있었다. 아우구스티누스는 그중 베르베르족으로 보는 시각이 일반적이다. 그는 누미디아로 돌아가기 전 이탈리아에 머물던 기간에 기독교로 개종했고, 누미디아에서 히포 레기우스(현 알제리 안나바주 안나바시의 일부)의 주교가 되었다. 아우구스티누스는 죽고 나서 한참 뒤에도 서유럽에서 중세 신학이 꽃을 피우는 데 중추적인 역할을 했고, 이로써 개인의 신념 체계이자 공적 세계관으로서 기독교의 입지를 굳건히 하는 데 이바지했다.

오늘날의 기독교 신학에는 서양 저자들이 이바지한 바가 크지만, 역사적 뿌리와 가장 중요한 고전적 '인플루언서들'은 지금의 중동과 북아프리카에서 찾을 수 있다. 서글프게도 어떤 이들은 신학을 두고 '시대에 뒤처진 망자들의 의견'이라고 일축한다. 이런 얄팍한 판단에 밀려 우리는 과거에 자기들이 처한 상황을 조명하고 변화시키고자 기독교의 핵심 비전을 붙잡고 씨름했던 사람들에게서 얼마나 많은 것을 배울 수 있는지 깨닫지 못한다. 그러나 다행히도 현대 신학은 베르베르인으로서 지금의 튀니지에서 태어나고 활동한 카르타고의 키프리아누스(c.210~258)와 지금의 터키에서 태어나고 활동한 니사의 그레고리우스(c.335~c.395) 같은 초기 기독교 저자들에게 점점 더 관심을 기울이고 있다.

현대 신학의 가장 중요한 흐름 중 하나는 이런 고대 저자들의 사상과 방법론을 복원하는 것이다. 여기에는 그들이 성경을 읽고 이해한 방식, 그들이 개발한 영성 훈련법과 신학 학습법, 후기 고전고대의 상황과 같은 다문화 환경에 기독교가 어떻게 파고들 수 있는지를 조명하는 그들의 잠재적 능력이 포함된다.[14] 그들은 과거에 얽매이지 않고 현재의 맥락에 맞게 탐색하고 해석하고 적용할 수 있는 유용한 유산을 우리에게 물려주었다.

*

이 책 전반부에서는 기독교 신앙의 핵심 비전을 확보하는 데 신학이 얼마나 중요한지를 강조하는 신학의 몇 가지 측면과 이 비전의 개별 요소들과 통일성을 제대로 인식해야 할 필요성을 탐구했다. 신약성경은 "만물은 그분 안에서 존속합니다"(골 1:17)라고 말한다. 한편으로는 기독교 복음의 풍부한 다양성을, 또 한편으로는 기독교 복음의 근본적인 통일성을 깨닫게 해주는 구절이다. 복음은 많은 면을 지닌 보석과 같아서 탐구하여 진가를 알아본 다음에야 비로소 잘 활용할 수 있다.

이 책 후반부에서는 우리가 신학을 사용하는 방법에 초점을 맞추려 한다. 나는 오래전부터 설교, 인격 형성, 영성에 초점을 맞춰 그리스도인의 삶을 성장시키는 신학의 오래된 비전을 회복해야 한다고 주장해왔다.[15] 신학은 복음의 핵심 주제들을 보존하는 역할 이상을 한다. 인간의 실존을 둘러싼 중대한 질문들에 복음을 대입할 수 있게 도와준다. 다음 세 개의 장에서는 신학적 성찰을 통해 조명되고 변화될 수 있는 세 가지 주제, 지혜와 안녕과 경이에 관해 탐구할 생각이다.

2부

신학이 중요한 이유

: 지혜, 안녕, 경이

What's the Point
of Theology?

Wisdom,
Wellbeing
and
Wonder

4장

지혜: 믿음의 깊이 발견하기

신학은 인간의 삶을 둘러싼 가장 중대한 문제에 어떻게 관여할까? 2세기 신학자 유스티누스(c.100~c.165)에게 그리스도는 구약의 율법을 성취하신 분이자 지혜를 좇는 고대 그리스인의 갈망을 충족시키신 분이었다. 다른 이들도 유스티누스의 뒤를 따랐다. 니사의 그레고리우스와 히포의 아우구스티누스 모두 진리와 아름다움과 선을 추구하는 더 폭넓은 인간의 탐구와 복음이 어떻게 연결되는지 천착했다. 신학은 비단 우리의 세계와 그 세계에서 살아가는 우리의 위치를 이해하는 데만 도움이 되는 것이 아니다. 인간의 감정 및 갈망의 세계와 기독교 신앙 사이의 틈도 메울 수 있게 해준다.

철학자 칼 포퍼(1902~1994)가 전개한 사상을 바탕으로 우리가 속해 있는 다양한 '세계'에 관해 조금 더 생각해보자.

칼 포퍼: 세 개의 세계

포퍼는 스스로 '궁극적인 문제들'이라고 명명한 것의 중요성을 강조했다. 이는 인간이 번영하는 데 절대적으로 중요하나 자연과학의 범위를 넘어서는 문제다. 그는 인간이 세 개의 다른 세계에 살고 있다고 주장했다.[1]

1. 돌, 별, 식물, 동물 등의 '사물'로 이루어진 세계. 이 세계는 자연과학이 연구하는 물리적 우주다.
2. 포퍼가 말하는 '정신 또는 심리 세계'. 우리가 '느끼는 고통, 쾌락, 생각, 결정, 지각 및 관찰'의 세계를 의미한다.
3. 종교적·도덕적 신념, 과학 이론, 삶의 의미에 대한 이해, 뉴턴의 중력 이론과 같은 수학 해석 등 '인간 정신의 산물'의 세계.

이 세 개의 세계는 서로 다르지만, 셋 다 인간이 마주하는 현실 중 일부이며 어떤 식으로든 서로 연결되어 있다는 것이 포퍼가 말하려 한 요지다.

포퍼의 접근법을 비판하는 의견이 있을 수 있지만, 대다수 사람은 이것이 정말로 유용하다고 생각한다. 신학의 가치를 생각하는 데도 이 접근법은 확실히 도움이 된다. 가장 중요한 요점 중 하나는 이론들('세계 3'에 자리한)에 다른 두 세계와 상호작용하고 두 세계를 변화시킬 수 있는 능력이 있다는 점이다. 다시 말해, '추측 또는 이론'은 '변화의 도구' 역할을 할 수 있다.[2] 우리가 세상을 새로운 방식으로 보게 도와주고, 세상을 더 낫게 바꾸고 싶어 하도록 우리에게 영감을 불어넣는다. 포퍼는 주로 과학 이론에 관심이 있었지만, 정치나 신학 분야에도 이 분석을 쉬 확대할 수 있다. 내가 말하려는 요지는 우리에게 이 세 개의 세계를 연결할 틀과 우리가 잘 지내고 잘 사는 데 이 틀이 어떻게 도움이 되는지를 이해할 길을 신학이 제공한다는 것이다.

이 책 2부에서 확인하게 될 테지만, 신학은 우리에게 우리 주변의 객관적 세계와 우리 안의 주관적 세계를 모두 보고 이해할 확실한 방법을 제공한다. 우리 자신과 우리가 속한 세계를 바라보는 이 새로운 시각을 받아들이고 그 안에 거주하는 것이 곧 신앙이고, 신앙은 우리가 의미와 가치, 성취감을 찾도록 도와준다. 확실히 하자면 나는 지금 자아실현이나 자기 달성 같은 것을 말하는 게 아니다. 우리가 어떤 모습이 되기를 원하시고 그렇게 되도록 기꺼이 도우시는 하나님의 관점에서 우리 자신을 바라보는 것에 관해 이야기하는 중이다.

자, 그러면 이제 고전적인 세 가지 주제 중 첫 번째, 지혜를 성찰하는 데 신학이 어떻게 도움이 되는지 살펴보자.

지혜 안에서 자라감: 신약의 기초

지식과 지혜의 차이는 무엇일까? 철학자 알프레드 노스 화이트 헤드(1861~1947)가 지적했듯이, "그냥 아는 게 많은" 사람은 "지구상에서 가장 쓸모없고 지겨운 사람"으로 판명될 수도 있다.[3] 물론 지혜로워지려면 무언가를 알아야 하지만, "지식을 쥐 손에 넣어도 여전히 지혜는 없을" 수 있다는 것은 자명한 사실이다.[4] 화이트헤드는 지혜가 단순히 정보를 축적하는 것 이상이라고 보았다. 지혜는 '지식을 지배하는 힘'이며, 지혜로운 사람이 예리한 통찰과 사려 깊은 판단을 통해 복잡하고 불확실한 세계에 대응할 수 있게 해준다. 화이트헤드의 철학적 판단에 심리학적 설명을 조금 덧붙이자면, 지혜란 삶의 불확실성을 받아들이고 불확실성과 더불어 살고자 하는 의지, 지식, 경험, 깊은 이해가 통합된 것이라 할 수 있다.

사회생물학자 에드워드 윌슨(1929~2021)은 사람들이 세세한 부분에 압도되어 큰 그림을 전혀 분별할 수 없게 되면서 20세기 말에 절망감을 느꼈다고 지적했다. "우리는 정보의 바다에 빠진 채 지혜의 빈곤 속에 허덕이고 있다."[5] 윌슨은 우리가 나무를 보느라 숲을 보지 못한다고 생각했다. 얄팍한 겉핥기에 안주하지 않고 깊이 있는 이해에 도달하는 것, 그것이 바로 지혜다. 외떨어진 생각들에만 집중하지 말고, 그것들이 어떻게 서로 연결되어 있는지를 제대로 파악해야 한다. 아마도 가장 어려운 일이겠지만, 우리는 모호함과 불확실성을 받아들이려고 애쓰는 한편, 제발 좀 단순해지라고 아무리 호소해도 들어줄 생각이 전혀 없는 이 복잡한 세계에 대처하는 법을 배워야 한다.

많은 사람이 우리 시대의 덧없는 의견과 가치보다 더 깊이 있는 무언가를 탐색하고 있는 것은 분명하다. 그것들은 마치 미래에도 영원할 진리인 양 제시된다. 그러나 실상은 젠체하는 그룹의 지적 가식에 불과할 때가 많다. 물론 이것이 새로운 현상은 아니다. 구약성경의 '지혜 문학'과 신약성경의 서신들에서도 확인할 수 있듯이, 얄팍한 이해에 관심을 기울이는 현상은 인류 역사 내내 항상 있었다. 사실, 동시대 사람들은 초기 기독교를 '철학'으로 이해했다. 지혜를 사랑하고, 신뢰할 수 있고 믿음직한 사고방식과 생활방식을 사람들에게 권유하는 철학이라 여겼다. 초기 기독교 예술작품에서 이따금 그리스도가 철학자의 외투인 팔리움pallium을 걸치고 있는 것도 이 때문이다.

나는 신학을 '기독교 신앙이 깊이 사색하며 거주하는 곳'이라고 칭하고 싶다. 신학은 성경 그리고 성경 본문을 연구하고 해석하는 오랜 기독교 전통에 기반을 두고 거기서 영양을 공급받는다. 신자들이 지혜를 길러나가는 일을 신약성경이 매우 진지하게 받아들인다는 점에는 의심의 여지가 없다. 모든 지혜와 지식의 보화를 안에 감추고 있는 분이 바로 그리스도라고 강조하는가 하면(골 2:3), 바울이 고린도 교회에 보낸 편지에서 지적했듯이 스스로 지혜 있는 척하며 자기 잇속만 차리는 태도를 비판한다(고전 1:17~20).

바울은 그리스도를 가리켜 '하나님의 지혜'(고전 1:24)라고 했다. 지혜를 추상적인 원칙이 아니라 생생한 삶으로 구현하고 나타내어 사람들에게 모범과 격려가 되는 분이 그리스도라는 말이다. 따라서 우리는 그리스도를 단순히 '지혜를 가르치는 선생'이 아니라 지혜를 '구현하시는' 분으로 이해해야 한다.

초기 기독교 저자들, 특히 이교에서 개종한 웅변가와 철학자 중에는 신약성경에서 사용하는 평이한 언어를 불편해하는(어쩌면 당혹감을 느꼈을 수도 있다) 이들이 많았다. 아마도 그들 눈에는 고전 철학 문헌에서 흔히 보던 수사학적 우아함과 개념적 정교함이 부족해 보였을 것이다. 지혜의 관념적 세계에 가장 흥미를 보이는 신약성경의 두 서신, 골로새서와 에베소서를 가장 정교한 작품으로 여기는 점이 눈에 띈다. 아마도 사용하는 어휘와 문체가 훨씬 복잡하기 때문일 것이다.

여기에 어떻게 신학이 들어왔을까? 기독교의 지혜를 깊이 성찰했던 아우구스티누스부터 시작하는 게 좋을 것 같다. 403년에 썼을 것으로 추정하는 중요한 초기작,《입문자 교리 교육De catechizandis rudibus》에서 아우구스티누스는 기독교 신앙을 처음 접하고 자기들이 받아들인 그 신앙을 이해하고 싶어 하는 사람들이 하는 질문들을 많이 다룬다. 이 책은 아우구스티누스가 스스로 느꼈던 불안과 걱정을 숨기지 않고 드러낼 정도로 솔직하고 설명이 명확하다는 점에서 주목할 가치가 있는 놀라운 작품이다. 예를 들면, 그는 자기가 신학 사상을 접했을 때 느꼈던 흥분을 학생들에게 그대로 전달할 수 없어서 실망했다고 고백한다.[6]

그러나 아우구스티누스는 신약성경에서 쓰는 '어휘의 평이함'과 독자들이 성경 본문을 해석하고 완전히 자기 것으로 흡수할 때 본문이 불러일으킬 '풍부한 반응' 사이에 선명하게 흐르는 긴장감에 더 관심을 쏟는다. 아우구스티누스는 그리스도의 삶과 죽음의 주된 목적은 하나님의 사랑이 얼마나 큰지 인류에게 보여주는 것이고, 하나님의 사랑을 발견한 사람들은 "자기를 먼저 사랑하신 분의 사랑에 흥분할" 것이라고 강조한다.[7]

아우구스티누스가 말하려는 요지는 이렇다. 그리스도인들은 예전과는 완전히 다른 생활방식과 사고방식에 끌리는데, 이런 변화가 생기는 이유는 우리가 우리를 한결같이 사랑하시는 하나님께 끌리기 때문이다. 하나님께 가까이 갈수록 우리는 점차 하나님의 성품을 알게 되고, 그 성품에 영향을 받는다. 의와 거룩을 향한 갈망처럼, 지혜를 향한 갈망도 모든 지혜와 의와 거룩의 근원이신 하나님을 닮고 싶다는 강한 열망에서 싹이 튼다. 그래서 아우구스티누스는 이런 사상과 거기서 얻을 수 있는 유익을 단순히 설명하는 일이 아니라, 하나님의 성품을 반영하고픈 열정을 우리 안에 불러일으키는 일에 관심을 쏟았다.

최근 누구보다 아우구스티누스를 통찰력 있게 해석하는 학자로 꼽히는 옥스퍼드대학교 캐럴 해리슨(1953~) 교수는 아우구스티누스가 근본적으로 "'전달의 기술' 또는 효과적인 말하기를 '수용의 기술' 또는 효과적인 듣기로 바꾼다"고 말한다.[8] 따라서 신약성경의 단순한 말씀은 각 사람에게 맞춰 더 정교해진 지혜의 비전vision이 개개인 안에 나타나는 통로가 된다. 교사들이나 설교자들이 촉매 역할을 하지만, 궁극적인 변화를 일으키시는 분은 성령이시다. 신약성경에 쓰인 단순한 말씀은 그렇게 단순한 용어로는 표현할 수 없는 거룩한 신비 가운데로 우리를 이끌되, 신자들의 마음을 사로잡고 매혹하여 하나님을 닮고 싶은 마음이 들게 한다. 여기에서 지혜는 일목요연하게 정리한 덕스러운 습관 목록으로 제시되지 않는다. 생각과 행동을 아우르는 기독교의 틀, 다시 말해 그리스도를 모범으로 삼아 그리스도의 뒤를 따르려는 마음가짐을 계발하는 측면에서 제시된다.

아우구스티누스는 사람들이 갖가지 이유로 기독교에 끌린다는 사실을 잘 알고 있었다. 개중에는 칭찬할 만한 이유가 있는가 하면 그렇지 못한 이유도 있다. 그런데 놀랍게도, 아우구스티누스는 어떤 동기로 그리스도인 또는 교회의 일원이 되려 하는지는 그리 중요하지 않다고 말한다. 정말로 중요한 사실은 교회가 우리의 갈망이 바뀌는 곳이라는 점이다. 작은 선에서 최고의 선으로 갈망의 방향이 바뀐다는 점에서 그렇다. 새로운 신자들에게 처음에는 이런 갈망이 없더라도 이 갈망이 그들 안에서 무럭무럭 자라게 하는 것이 교회가 할 일이다.[9]

아우구스티누스가 분명히 밝혔듯이, 기독교는 우리가 현명한 생각이요 현명한 행동이라 여기는 것이 불러오는 중요한 결과와 함께 상황을 새로운 방식으로 볼 수 있게 해준다. 기독교 복음은 "마음의 눈을 고쳐서"[10] 우리가 우리 자신과 우리가 속한 세계를 이해하는 방식을 창의적이고 감동적으로 변화시킨다. 아우구스티누스는 이 세상과 세상 속에서 살아가는 인간의 위치에 관한 기독교의 해석을 제시하고, 이 해석을 바탕으로 우리가 이 세상에서 어떻게 하면 잘 살 수 있고 어떻게 잘 살아야 하는지를 설명한다.

그런데 이 지혜란 대체 무엇일까? 아우구스티누스는 우리가 진정 누구이고 우리에게 정말 필요한 것이 무엇인지 깨달은 바에 비추어 지금 우리의 갈망을 재조정하는 것이 지혜라고 말한다.

성경은 이렇게 말한다. "모든 육체는 풀과 같고, 그 모든 영광은 풀의 꽃과 같다. 풀은 마르고 꽃은 떨어지되, 주님의 말씀은 영원히 있다"(벧전 1:24~25). 그러므로 누구든 참된 안식과 행복을 갈망하는 자는 유한하고 일시적인 것들에 소망을 두어서는 안 된다. 오직 주님의 말씀에 소망을 두어야 한다. 영원한 것을 굳게 붙잡아야 그것과 더불어 영원히 살 수 있다.[11]

우리가 지혜로워지는 데 신학은 어떤 도움이 될까? 앞선 짧은 숙고만으로도 이 질문에 답할 말이 조금은 생긴다. 신학은 이 세상과 그 속에서 살아가는 우리의 위치를 해석하는 시각을 제시함으로써 정말 중요한 것이 무엇인지 결정하는 데 도움을 준다. 신학은 인생의 목표를 발견하고 그 목표를 이룰 방법을 찾는 데 도움이 된다. 우리는 '잘 사는 그리스도인의 삶'을 목표로 신학과 실천을 하나로 묶을 방법을 찾아야 한다.[12]

그러나 많은 이들에게 정말로 중요한 일은 깊이와 근거가 전혀 없는 피상적인 종교적 믿음에서 벗어나는 것이다. 이 중요한 주제는 바로 이어서 더 살펴볼 생각이다.

과거의 지혜: 피상성을 없앨 해독제

점점 더 과학 중심으로 흐르는 우리 문화의 부정적인 면 중 하나는 과학 이전 시대를 폄하하는 경향이 있다는 점이다. 그 시대에 누가 무엇을 알긴 했을까? 문화비평가이자 사회 참여 지식인인 앨런 제이콥스(1958~)는 과거를 폄훼하는 이런 흐름에 이의를 제기하는 저자 중 하나다.[13] 과거는 우리에게 가르침을 준다. 현재의 순간이 줄 수 있는 것 그 이상을 보게 해주기 때문이다. 고전을 읽는다는 것은 다른 세계에 사는 누군가가 우리에게 말을 걸 수 있게 허용하고, 처음에는 이상하고 동떨어져 보일 수도 있지만 새로운 통찰과 마음의 평화를 얻게 해줄 열쇠를 쥐고 있을지 모를 시각을 제공할 수 있게 허용하는 것이다.

제이콥스가 지적한 대로, 기독교회들은 혁신을 중시하고, 익숙한 목소리와 즉각적인 만족을 가져다주는 것에만 관심을 기울일 때가 많은데, 지금보다 더 광범위한 문화 원리에 주의를 기울일 필요가 있다. 신학에는 과거와의 대화가 포함되어 있다. 향수 어린 낙원으로 도피할 필요는 없지만, 우리에게는 낯설어도 이전 세대는 익히 알고 있는 접근법과 관점을 고려하는 일에 주의를 기울여야 한다. 피상성은 우리 시대에 사라지지 않는 문화적 결핍으로서, 삶의 다른 많은 영역에서와 마찬가지로 기독교 안에도 분명히 존재한다. 과거의 저자들을 진지하게 받아들이는 것이 매우 중요한 이유도 이 때문이다. 좀 더 자세히 설명해보겠다.

목회를 준비하던 학생 시절에 들었던 다소 지루한 설교의 결론은 이랬다. "하나님을 믿고 성경을 읽으십시오!" 그 설교자는 자기 자신 외에는 다른 이의 말을 인용하지도 않고, 인생의 중대한 질문에 다소 진부한 대답을 내놓았다. 그는 자신이 고통의 문제로 한때 어려움을 겪었지만, 그 문제를 붙들고 기도했고 이제 더는 그 문제로 괴롭지 않다고 청중에게 이야기했다. 회중 가운데 나이가 많은 몇몇 사람은 그 설교에 전혀 감명을 받지 못했고, 나중에 내게 괜스레 불만을 토로했다. 의심의 문제는 어떤가? 어려운 성경 구절은 어떻게 이해해야 하는가? 기본적으로 그들의 불만은 그 설교가 피상적이라서 사람들이 신앙생활을 하면서 겪는 진짜 문제를 인지하지 못한다는 점이었다.

그들은 지혜를 얻길 기대했는데, 정작 들은 것은 진부한 말들뿐이었다. "우리에게는 그보다 더 깊이 있는 게 필요하다오!"

여기에 문제가 있다. 기독교 자체에 문제가 있는 것이 아니라, 설교하고 가르치는 사람 중에 역량이 부족한 이들이 너무 많은 것이 문제다. 그동안의 신앙 여정을 돌아보노라니, 다행스럽게도 신학적 멘토를 참 잘 선택했다는 생각이 든다. 나는 C. S. 루이스를 찾아냈고, 지적 엄밀성을 지키면서 상상력을 발휘해 기독교 신앙을 설명하는 루이스의 이야기를 처음에는 그저 즐겼다. 그러나 루이스의 역할은 거기서 끝나지 않았다. 그는 지혜의 전통으로 가기 위해 지나는 관문 역할을 했다. 아우구스티누스, G. K. 체스터턴, 단테, 조지 허버트, 토머스 트러헌 등 자기에게 도움이 되었던 저자들에게 나를 안내해주었다. 이 신학적 지혜의 비옥한 영토를 탐험하면서 나는 어느새 과거에 닻을 내리고 있었다. 과거의 한계에 매여 제약을 받고 있다는 의미에서가 아니라, 신앙이라는 위대한 주제를 해석하고 성찰해 온 오랜 역사와 연결되어 있고 그 역사로부터 배울 수 있다는 의미에서 나는 과거에 닻을 내리고 있었다.

기독교의 과거가 중요하다는 사실을 발견하고 사실 깜짝 놀랐다. 과학자로서 나는 발표된 지 10년이 넘은 연구 논문은 읽을 필요가 없다고 배웠다. 그사이에 해당 분야는 놀랍게 발전했을 터이기 때문이다. 나는 1960년대에 성장기를 보냈고, 그 시대의 덧없는 문화 분위기에 영향을 받은 많은 이들처럼 과거는 이미 지나갔고 현대와 어울리지 않는다고 생각했다. 그런데 루이스가 다른 그리스도인들이 지난 2천 년 동안 신앙의 문제들을 계속 고민해왔고, 따라서 그들이 쓴 글을 읽으면 무언가 배울 점이 있을지 모른다는 사실을 깨닫게 도와주었다. 나는 계속해서 신앙에 관한 나의 고유한 시각을 구축해나갈 테지만, 내 생각은 이 숙고의 전통에 의해 더 풍성해지고 깊이를 더해갈 것이다.

처음에 루이스는 내가 탐색하고 연구해봄 직한 문헌들을 알려줌으로써 이 전통으로 가는 관문이 되어주었다. 실제로 신학 공부를 시작했을 때, 나는 나를 흥분시키고 내 생각에 도전하는 새로운 이름들과 저자들을 접했다. 루이스가 후기에 집필한 작품 중 하나를 읽고 있을 때였다. '훌륭한 독서'를 하는 과정에서 다른 이들의 의견을 완전히 내 것으로 만드는 지적 미덕에 관해 다룬 작품이었다. 그 작품을 읽다가 나는 루이스가 사람들에게 권하고 스스로 실천했던 것을 이해하는 데 도움이 되는 지적 틀을 접했다.

내 눈으로는 충분하지 않으니, 다른 이들의 눈으로 볼 것이다. … 문학 경험은 특권과도 같은 개성을 해치지 않고 상처를 치유해준다. … 위대한 문학 작품을 읽으면서 나는 천 명의 사람이 되지만 여전히 나다. 그리스 시에 나오는 밤하늘처럼, 나는 무수한 눈으로 보지만 보는 이는 여전히 나다. 예배할 때, 사랑할 때, 도덕을 실천할 때, 나는 나를 초월한다. 그런데 예배하고 사랑하고 도덕을 실천할 때보다 내가 더 나다운 때가 있던가.[14]

루이스는 옛 기독교 저자들의 다채로운 저술을 읽고, 과거는 무의미하고 쓸모없다고 선언하는 '연대기적 우월 의식 chronological snobbery'에 빠져 과거를 멸시하는 몸짓을 거부하도록 나를 격려하는 일 이상을 했다. 루이스는 내가 한 사람의 사색가로서 신앙의 시야를 넓히는 사색의 풍부한 전통을 활용함으로써 특정한 역사적 위치와 문화적 관점의 한계를 극복할 수 있다는 사실을 깨닫게 도와주었다. 기독교 신학은 과거의 목소리가 환영받고 필요한 자리를 차지하는 공동 작업이다. 덧없는 정통들에 이의를 제기하고 끊임없는 재고가 필요한 대안을 제시한다.

이렇게 말하긴 했지만, 그렇다고 루이스가 (지혜만큼이나 오류와 오해도 담겨 있을 수 있는) 과거의 신학적·영적 사상을 아무 '비판 없이' 무조건 받아들이라고 권한 것은 아니다. 그가 말하려는 요지는 과거에 '시도하고 시험했던' 사상들을 아주 쉽게 되찾아서 먼지를 털어내고 우리의 사상 속에 새롭게 회생시킬 수 있고, 그렇게 하면 사상이 풍요로워진다는 것이다. 나는 지난날 루이스가 그랬듯이, 옛 저자들이 쓸모가 있다는 사실을 깨달은 요즘 저자들의 글을 읽고, 그들이 가치 있다고 여기는 옛 저자들과 그 저자들을 활용하는 방식에 주목하는 것이 도움이 된다고 생각한다.

아우구스티누스의 사상을 확장해서 고찰한 로완 윌리엄스의 책은 이 과정을 보여주는 훌륭한 예다. 캔터베리 대주교가 된 옥스퍼드대학교 신학 교수 로완 윌리엄스는 주요 신학자 몇 사람의 저술을 깊이 있게 분석하여 그들 사상의 특정 측면을 강조하고 신선한 관점에서 현시대의 질문들과 연결 짓는다. 예를 들어, 지혜를 찾는 인간과 관련하여 아우구스티누스의 《고백록 Confessiones》이 갖는 중요성을 지적한 윌리엄스의 말을 되새겨 보자.

우리 자신에게 맡겨두면, 우리는 노력으로 지혜를 손에 넣는 공상을 펼치겠지만, 실상은 영원한 지혜가 아니라 우리 자신의 영적 기량에 감탄하면서 자신이 만든 환상 속으로 더 깊이 빠져들 뿐이다.[15]

윌리엄스는 여기에서 세 가지 중요한 신학적 통찰을 강조한다. 첫째, 지혜는 우리가 성취하는 것이 아니라, 하나님이라는 위대한 존재를 만나 완전히 변화된 결과로써 우리 안에 점차 생겨나는 것이다. 인간의 성과가 아니라 은혜의 작품이다. 둘째, 인간은 '지혜'를 떠올릴 때 자연스럽게 자신과 연관 짓거나 자기중심으로 생각하는 경향이 있다. 따라서 우리는 '지혜롭다'는 말의 의미와 '지혜로워지는' 방법을 대하는 새로운 시각에 자극받을 필요가 있다. 그런데 무엇보다 쉽게 간과되는 것은 세 번째 통찰이다. 옛 저자들의 작품을 읽으면, 세월을 거치며 그 가치가 입증된 과거의 지혜를 활용할 수 있어서 우리의 현재가 밝아지고 풍요로워진다.

지혜는 과거에 뿌리를 두는 것이다. 과거로 후퇴하는 것이 아니라, 특히 불확실한 미래를 마주할 때 현재에 과거의 통찰을 끌어와서 새롭게 활용할 줄 아는 것이 지혜다. 프랑스 철학자이자 종교 작가 시몬 베유(1909~1943)는 인간이 인간다움을 지키며 번영하는 데 '뿌리내림'이 왜 중요한지를 탁월하게 설명한 글에서 미래를 마주할 때 과거와 연결 짓는 감각이 필요하다고 강조했다.

> 뿌리내림enracinement은 인간의 영혼에 가장 중요하면서도 가장 인식하지 못하는 욕구일 것이다. 정의하기가 가장 어려운 것 중 하나다. 인간은 과거의 보물과 미래의 기대를 살아 있는 형태로 보존하는 공동체의 삶에 실질적이고 능동적으로 자연스럽게 참여함으로써 뿌리를 내린다.[16]

신학은 과거에 단단히 뿌리를 둔 신앙 공동체에 구현된 현실관을 파악하는 데 도움이 된다. 과거의 지혜를 되찾아 현재에 제시할 수 있게 해준다. 베유는 우리가 기독교회를 믿음 안에서 자라가는 데 필요한 맥락과 내용을 제공하는 지혜 학교로 생각하도록 도와준다.

깊이 더하기: 기독교 구원관을 지도로 그리기

지혜는 번지르르하고 얄팍한 단순성에 이의를 제기하고 복잡성을 존중하는 것을 포괄한다. 그러므로 지적으로 감당할 수 있는 것들로만 현실을 한정하거나 축소하고픈 유혹을 뿌리쳐야 한다. 우리 머리로는 이 우주도 하나님도 완전히 이해할 수 없는 것이 사실이기 때문이다. 현실의 진실성을 존중하고 근본적 통일성을 긍정하는 동시에 현실의 다양한 측면을 찾아냄으로써 '신비를 보존하려는' 이런 갈망은 신학적 원칙에 근거하여 얄팍한 해석으로부터 깊이를 지켜내려는 노력으로 나타난다.

앞에서 언급했듯이, 복잡한 현실에 정의를 실현할 책임을 강조한 철학자 메리 미즐리는 다채롭고 심오한 세계를 이해하기 위해 '다중 지도'를 활용하자고 제안했다. 미즐리는 우리가 사는 세계를 이해하려면 현실을 여러 각도에서 볼 수 있게 해주는 '다중 창'을 활용할 필요가 있다고도 이야기한다. 그리고 관람객들이 광범위한 수중 서식지의 각 측면을 볼 수 있게 관람창을 여러 개 갖춘 대형 수족관에 빗대어 이를 설명한다.

다양한 각도에서 나온 데이터를 끈기 있게 수집하면, 결국 우리는 이 서식지를 상당 부분 이해할 수 있을 것이다. 하지만 오로지 우리 앞에 있는 창 하나만 들여다볼 가치가 있다고 고집하면, 별다른 진척을 이루지 못할 것이다.[17]

각 창은 거대한 현실을 관찰하는 저만의 고유하고 의미 있는 관점을 우리에게 제공한다. 각 관점은 그 자체로 가치를 인정받아야 하지만, 그와 동시에 통일성을 갖춘 거대한 전체의 일부분이 되어야 한다. 따라서 우리는 수족관의 이런 부분적 관점들을 하나로 모을 방법을 찾아야 한다.

신약성경은 다채롭고 복잡한 기독교 구원관을 들여다보기 위해 다양한 '관람 창'을 활용한다. 신학자들은 이것을 '구원 은유soteriological metaphors'라고 부르는 경향이 있는데, 이는 기독교가 이해하는 구원의 특정한 측면을 포착하는 데 도움이 되는 비유나 실례를 의미하며, 대개는 보통 사람들이 이해할 수 있는 언어와 이미지를 사용한다.[18]

이러한 이미지와 은유는 두 가지 중요한 목적을 이루는 데 쓰인다. 첫째, 기독교 신앙 고백에 반응한 사람들에게 현재 그들이 거주하는 새로운 영토의 지도를 건넴으로써 그들에게 무슨 일이 일어났는지 이해할 수 있도록 돕는 데 쓰인다. 둘째, '노예였다가 해방된 사람'이나 '서로 등졌다가 화해하고 관계를 회복한 두 사람'처럼 쉽게 이해할 수 있는 문화적 비유를 사용하여 신앙 공동체 밖에 있는 사람들에게 기독교 구원관을 설명하는 것을 돕는 용도로 쓰인다. 변증 또는 복음 전도를 위한 목적이라고 보면 된다.

신약성경 속 다문화 세계에는 종교 집단은 물론이고 이상한 사교邪敎 집단도 많이 있다. 각 집단은 저 나름대로 구원의 본질과 구원이 이루어지는 방식을 설명한다. 따라서 그리스도인들은 기독교 신앙이 그것들과 어떻게 다른지 설명할 수 있어야 했다. 신약성경 속 각각의 '구원 은유'는 한눈에 바라보이는 전체 경치의 특징 중 일부만 유독 선명하게 담아낸 스냅 사진과 같다. 이 점을 이해하는 데 도움이 되도록 다음 네 가지를 간략히 살펴보자. 훨씬 더 깊이 이해할 수 있게 다른 것들을 쉬 추가할 수도 있지만, 우리의 목적상 중요한 것은 다양한 이미지가 있고 그렇게 다양한 이미지 덕분에 이해가 풍성해진다는 점을 제대로 인식하는 것이다.

1. 구원은 상처 입은 인류를 치유한다

보통 '구원'으로 번역되는 헬라어 단어 '소테리아sōtēria'에는 '치유', '회복', '구조'를 포함하여 다양한 의미가 담겨 있다. 이는 초대교회가 위임받은 그리스도의 치유 사역과 중요한 연관이 있다. 누가는 예수께서 제자들에게 가르치고 치유하는 권능을 주셨다고 기록한다. "하나님 나라를 선포하며 병든 사람을 고쳐 주게 하시려고 그들을 내보내시며"(눅 9:2). 여기서 우리는 인간이 병에 걸리거나 상처를 입었으되 스스로 치유할 수 없는 상태임을 알 수 있다. 기독교 복음은 육체적·사회적·관계적 차원 등 다양한 차원에서 인간을 치유한다. 아우구스티누스가 이점을 특히 강조했다. 그는 교회를 유능한 의사의 보살핌 속에 병들고 다친 자들을 완전히 회복시키는 병원에 비유했다.[19] 이런 측면에서 기독교 구원관은 자연스럽게 신학과 안녕의 관계에 대한 고찰로 이어진다. 기독교는 망가지고 상처 입은 인류를 치유하고 회복시키고 변화시키겠다고 말한다. 이에 관해서는 다음 장에서 더 자세히 살펴볼 것이다.

2. 그리스도는 인간의 죄를 배상하기 위해 내는 속전이다

이제 의학에서 법률로 맥락이 바뀐다. 캔터베리 대주교를 지낸 11세기 신학자 안셀무스(1033~1109)는 '보속'을 통해 의로우신 하나님께서 죄 많은 인류의 빚을 탕감하실 수 있게 하는 것이 성육신의 주목적이라고 주장했다. 우리는 인간의 죄를 갚는 데 필요한 대가를 치르거나 배상할 능력이 없어서 궁지에 몰린 상태였다. 그런데 성육신으로 말미암아 하나님께서 우리를 구원하실 수 있었다. 안셀무스의 접근법은 여러 면에서 비판을 받았지만, 그의 근본적인 관심사는 하나님께서 인간을 죄에서 해방하기 위해 정의도 실현하시고 긍휼도 베푸셨다는 점을 강조하는 것이었다.[20] 구속救贖은 하나님의 의로우심이 낳은 결과였다.

3. 그리스도는 인간의 죄를 씻기 위해 바치는 희생 제물이다

이제 구약성경의 종교 제의로 맥락이 다시 바뀐다. 여기에서 중심 주제는 인간이 죄악으로 불결해져서 하나님에게서 끊어졌다는 것이다. 따라서 우리가 하나님께 가까이 갈 수 있으려면, 합당한 희생 제사를 통해 이 오염을 없애야 한다. 히브리서에서 그리스도는 죄가 없으신 대제사장이자 완벽한 희생 제물로 묘사된다. 대제사장이자 희생 제물로서 그리스도께서는 불결함을 깨끗하게 씻어서 사람들이 하나님께 가까이 갈 수 있게 하고, 그리하여 희생 제사 제도가 더는 필요 없게 만드신다.[21]

4. 우리는 믿음으로 그리스도의 가정에 입양된다

우리가 어딘가에 속해 있다는 사실을 아는 것은 중요하다. '소속'이라는 주제는 바울의 구원 은유인 '양자 됨'에 특히 잘 나타나 있다(갈 4:5; 롬 8:14, 23; 9:4). 이 이미지는 신자들에게 어디에도 소속되지 못하다가 어딘가에 소속되는 변화, 한 가정 안에서 환영받고 소중히 여김을 받고 일원으로 받아들여지는 변화로 회심을 상상해보라고 권한다. 우리는 사회적 재배치 및 재지정 행위(새로운 법률상 명칭과 채무 면제 등)의 법적 측면과 입양된 사람에게 미치는 정서적 영향을 함께 이해할 필요가 있다. 과연 그 '기분'은 어떨까?

한때 외부자였던 사람이 내부자가 되어 새로운 신분과 정체성을 얻는다. 그러면 그 사람은 받아들여지고 소중히 여김을 받고 어떤 일을 할 수 있는 자격이 생겼다고 느낀다. 이것은 예일 대학교 신학자 미로슬라브 볼프(1956~)가 초기 에세이에서 능숙하게 탐구했던 강력한 신학 주제다. 그는 자기 아들을 입양한 경험과 입양이 생모에게 미친 영향을 고찰함으로써 이 주제를 탐구했다.[22]

이 네 가지 은유는 모두 그리스도인들이 구원으로 이해하는 것의 큰 그림 중 일부를 조명한다. 한 관찰자의 눈에는 양립할 수 없는 동떨어진 아이디어들처럼 보이는 것이 신학자들 눈에는 여러 관점에서 조명한 통합된 비전으로 보인다. 다른 관점들은 다른 집단들에게 중요할 수 있다. 예를 들어, 어떤 특정 관점은 기독교가 유대교와 상반되는지, 아니면 유대교의 언약을 기독교가 성취하는지 궁금해하는 유대인 독자의 호기심을 자극할 수 있다.

구원을 숙고하는 일에 왜 신학이 그렇게 중요할까? 두 가지로 매조질 수 있을 것이다. 첫째, 기독교 신학은 구원이 다채롭고 다면적이고 '통일성 있는' 실체라고 주장함으로써 신약성경의 복잡한 증언들을 통합하고 하나로 엮는다. 각각의 개별적 측면을 제대로 인식하고 인정한다. 그러나 각 측면은 거대한 전체의 일부분이므로 다중 창을 통해 보아야만 제대로 파악할 수 있고, 다중 지도를 활용해야만 제대로 묘사할 수 있다고 본다. 둘째, 믿음 안에서 성장한다는 말은 단일 창이나 단일 지도가 제공하는 부분적인 설명에 만족하지 않고 구원의 각 요소를 식별하고 이해하고 제대로 인식하게 된다는 뜻이다. 따라서 신학은 우리가 기독교 신앙을 깊이 있게 이해하게 해준다.

연결하기: 신학, 그리고 삶을 바라보는 더 넓은 시야

어떤 이들은 신학이 배타적이어서 더 광범위한 인류 지식 및 문화 세계와 단절되어 있다고 우려를 표한다. 사실, 지혜가 연결하는 것이라면, 신학은 대화하는 것이다. 기독교를 체제전복적 사상으로 여기던 로마 제국의 문화를 2세기와 3세기 초기 기독교 저자들이 못 미더워했던 것은 사실이다. 오늘날에도 북아메리카에서는 세속적인 세상에 오염될까 두려워 근본주의 형태의 반체제 공동체를 만들기도 한다. 그러나 이 세상에 발붙이고 살면서 사회에 참여하는 다른 길도 많다.

대다수 기독교인은 신학적 토대가 탄탄하면 문화, 특히 문학과 예술, 시, 정치, 윤리 분야에 활발하게 참여할 수 있다는 사실을 잘 알고 있다. 오히려 탄탄한 신학적 토대가 적극적인 참여를 장려한다. 조지 허버트, C. S. 루이스, 메릴린 로빈슨, 도로시 세이어즈 같은 저자들만 보아도 이를 알 수 있다. 이들 모두 신학에 근거하여 자신의 문학적 비전을 '신학적으로' 표현한다. 예를 들어, 메릴린 로빈슨은 "의미, 윤리, 아름다움에 대한 가장 고매한 탐구가 현실의 본질에 대한 가장 거대한 규모의 상상과 동시에 일어나는 단계"[23]에 이른 것, 그것이 바로 신학이라고 이해했다. 독창적인 글을 쓰기에 이보다 더 좋은 맥락이 어디 있겠는가?

그러나 많은 이들이 가장 중요한 관계(이자 가장 문제가 많을 수 있는 관계)는 기독교와 자연과학의 관계라고 생각한다. 어떤 이들은 과학 중심 문화가 부상하면 필연적으로 신학에 적대적일 수밖에 없다고 주장한다. 그러나 이것은 여러 가능성 중 하나일 뿐이다. 기독교와 과학이 충돌하는 지점은 분명히 있다. 특히, 어느 한쪽 또는 양쪽이 자기네가 현실을 완벽하게 설명해냈다면서 다른 설명이 들어올 여지를 남기지 않을 때는 더 강하게 충돌한다. 지난 10년 동안 나는 신학자로서 알베르트 아인슈타인, 스티븐 제이 굴드, 리처드 도킨스 같은 과학자들을 중심으로 이 지적·문화적 관계를 탐구하는 일에 전념해왔다. 이들은 과학과 신학의 관계를 나와는 매우 다른 관점에서 바라보는 과학자들이다.

나는 신학적 관점이 자연과학의 중요성을 긍정한다고 믿는다. 신학적 관점은 그리스도인들이 하나님께서 창조하셨다고 믿는 이 복잡한 세계에 대한 이해를 높이는 수단으로 자연과학을 인식하게 해준다. 이 관점은 과학의 '성공'과 '한계'를 설명하는 데도 도움이 된다. 과학은 우주가 어떻게 작동하는지는 아주 능숙하게 보여주지만, 삶의 의미와 가치에 관해 물으면 난감해

한다.[24]

　수년 동안 나는 과학과 신학의 관계를 표현하는 세 가지 방법을 개발했고, 과학과 신학을 지적으로 탄탄하게 결합하고 싶어 하는 과학자들 및 신학자들과 함께 정기적으로 두 학문의 잠재력(과 한계)을 탐구했다. 각각의 방법은 짤막한 설명으로는 제대로 전달하기 어려울 만큼 상상력이 풍부하고 지적으로 탄탄하다. 셋 중 독창적이라고 할 만한 방법은 없다. 세 가지 다 기존 개념에서 영감을 얻어 새로운 방식으로 발전시킨 것이다.

　첫 번째 접근법은 과학과 신학이 복잡한 세계를 바라보는 다른 관점 또는 다른 창을 제공한다(앞서 언급한 철학자 메리 미즐리가 사용한 비유)고 간주하는 것이다. 두 관점은 우리가 현실의 다른 측면을 볼 수 있게 해주지만, 어느 쪽도 그 자체로는 현실을 오롯이 보여주지 못한다.

　두 번째 접근법은 과학과 신학이 서로 다른 차원에서 현실에 관한 질문을 탐구하는 것으로 간주한다. 이 접근법을 개발할 때 나는 사회철학자 로이 바스카(1944~2014)가 주창한 '비판적 실재론'에 담긴 통찰을 활용했다.[25] 바스카는 각각의 학문이 저마다 고유한 방식으로 독특한 차원에서 현실에 관여하며, 그 방식과 차원은 연구 대상의 성격이 결정한다고 보았다. 바스카의 말대로, 존재론이 인식론을 결정한다. 우리가 그것을 어떻게 조사할지, 그리고 그것에 관하여 과연 얼마만큼 알 수 있을지는 연구 대상의 성격에 달렸다. 어디에나 적용되는 보편적인 방법론은 없다. 따라서 우리는 다양한 학문에서 나온 통찰들을 고유한 방식으로 통합할 방법을 찾아야 한다.

세 번째 접근법도 미즐리에게 영감을 받은 것이다. 미즐리는 현실이 너무 복잡하므로 현실을 '조사하기' 위해 '다양한 공구 상자'를 동원해야 하고, 조사한 바를 '표현하기' 위해 '다중 지도'를 활용해야 한다고 주장했다. 현실 전체를 오롯이 조사하거나 묘사할 수 있는 단일 도구나 지도는 없다. 다양한 조사 방법을 사용해야 하고, 그렇게 해서 나온 결과를 조금씩 조정해야 한다. 예를 들면, 더 다채로운 각도에서 현실을 바라볼 수 있도록 다양한 지도를 겹쳐 놓는 식으로 말이다.

과학과 신학이 대화할 기회를 마련하고 대화를 장려할 방법을 찾는 게 왜 그렇게 중요할까? 사색하는 과학자답게 이 질문에 훌륭하게 답한 스티븐 제이 굴드에 따르면, 그 이유는 우리가 "우리 삶과 주변 환경의 복잡성 및 다양성을 더 깊이 이해하려는 공동의 탐구에 빛을 비출 수 있는 각기 다른 빛을 인식하기"[26] 때문이다. 여기에 관해서는 뒤에 더 이야기할 테지만, 굴드는 삶을 바라보는 더 깊고 넓은 시야를 하나로 모으는 데 신학이 어떻게 도움이 되는지 우리가 이해하게 도와준다. 내가 보기에, 신학은 지혜를 얻는 수단으로써 학문 전반에 걸친 지적 탐구와 개인적 참여를 촉구하고, 거기에 필요한 동기와 수단을 제공한다.

믿음: 우리가 알 수 있는 현실을 직시하기

앞서 확인했듯이, 지혜는 복잡성을 존중하고, 복잡한 현상을 지나치게 단순화하려는 환원주의에 저항하는 것을 포괄한다. 따라서 지혜는 삶의 불확실성에 대처하는 것이기도 하다. 우리는 '2+2=4'와 같은 단순한 진리를 증명할 수 있다. 하지만 참임을 증명할 수 있는 보편적인 도덕적·종교적 신념을 확립하려는 '이성의 시대'의 꿈을 실현하는 건 이제 불가능해 보인다. 옥스퍼드대학교 신학 교수 그레이엄 워드(1955~)는 투명성과 확실성이 특징인 "'전적으로 명확하고 선명한' 지식을 열망하라"고 이성의 시대가 우리에게 요구한다고 말했다.[27] 그러나 철학이 마침내 인간 본성의 한계를 받아들이면서, 불확실성을 못 참는 이런 흐름도 이제 옛이야기가 되었다. 철학자 버트런드 러셀(1872~1970)이 말했듯이, 우리는 "확실성을 포기하되, 주저함이 없이 행동하는"[28] 법을 배워야 한다.

1970년대에 영향력이 가장 컸던 TV 시리즈는 〈인간 등정의 발자취The Ascent of Man〉라는 다큐멘터리였다(나중에 책으로도 출간되었다—옮긴이). 이 작품은 인류 문화가 진화해온 과정을 조명하여 많은 이들에게 찬사를 받았다. 당대 가장 뛰어난 지식인 중 한 명으로 평가받는 폴란드 수학자 제이콥 브로노우스키(1908~1974)는 참임을 증명할 수 있는 사실들뿐 아니라, 통찰과 해석 역시 인간이 추구해야 할 지식에 포함된다고 주장했다.

그는 《인간 등정의 발자취》에서 '지식 또는 확실성'이라는 제목의 장章을 다음과 같은 말로 시작한다. "물리학의 목표 중 하나는 물질세계에 대한 정확한 그림을 제공하는 것이었다. 20세기 물리학이 이룬 성과 중 하나는 그 목표가 달성할 수 없는 것임을 보여준 것이다."[29] 브로노우스키에게는 우리가 현실을 보며 마음에 품는 모든 질문에 명확하게 최종적으로 답변하실 수 있는 '하나님의 시각'이란 것이 존재하지 않았다. "인간의 지식은 불확실성 끄트머리에서 펼치는 끝없는 모험으로서, 개인적이나 믿을 만한 것이어야 한다."[30]

그렇다면 신앙생활을 하는 우리는 이 상황에 어떻게 대처해야 할까? 어떻게 우리는 '불확실성 끄트머리에서 끝없는 모험'을 할 수 있을까? 이것은 기독교 신학과 기독교 영성 모두의 고전적인 주제라고 말할 수 있다. 그리스도인들은 신앙이 여행길 내내 우리와 동행하시는 하나님을 신뢰하면서 불확실하고 종잡을 수 없는 세상을 통과하는 여정이라고 생각한다. 기독교 신학자들은 "우리는 믿음으로 살아가지, 보는 것으로 살아가지 아니합니다"(고후 5:7)라는 바울의 선언에서 비롯된 난제를 늘 의식해왔다. 이 문제를 다루는 데 신학이 어떻게 도움이 되는지 이해하기 위해, 미국 장로교 신학자 존 맥케이(1889~1983)가 프린스턴신학교 총장을 지내던 1940년대에 개발한 접근법을 살펴보자.[31]

다른 설교자들과 마찬가지로, 맥케이는 생각을 정리하고 조정하는 데 이미지가 중요한 역할을 한다는 사실을 잘 알고 있었다. 그는 20세기 초에 마드리드에서 살았던 경험을 바탕으로 '발코니'와 '길'의 이미지를 그리스도인의 삶의 모델로 발전시켰다. 맥케이는 거리 위 높은 발코니에 서서 아래에 놓인 모든 것을 볼 수 있는 한 무리의 사람들을 상상해보라고 권한다. 그들은 하나님의 시각으로 세상을 본다. 길이 어디로 이어지고, 다음 모퉁이를 돌면 뭐가 나오는지 알고 있다. 그러나 그 관찰자들은 여행자(순례자)가 아니라 구경꾼이다. 그들은 저 아래 길에서 벌어지는 일과 멀리 떨어져 있다. 여행자들 말을 엿들을 수 있는 (맥케이가 사용한 용어로 표현하자면) '발코니 사람들'은 여행자들이 무엇에 흥미를 느끼고 무엇을 걱정하는지 알아내려고 애쓴다. 그러나 그들이 그런 문제들에 보이는 관심은 순전히 이론상의 관심일 뿐이다. 아래에서 일어나는 일은 그들과 아무 관련이 없다.

그러나 저 아래 길을 지나는 사람들은 상황을 전혀 다른 식으로 본다. 그들은 길을 걷는 동안 자기가 처한 상황에 빛을 비춰주고 자기가 더 나은 사람이 되게 도와줄 지혜를 구한다. 하나님의 눈으로 세상을 볼 수 있다면 삶이 무엇이고 미래가 어떻게 펼쳐질지 명확히 알 수 있을 텐데, 그들은 하나님의 시각에 접근할 수 없다. 그들의 위치에서 얻는 지식에는 한계가 있다. 그들은 불확실성을 안고 살아야 한다.

맥케이의 이미지는 중요한 점 두 가지를 보여준다. 첫째, 하나님의 시각으로 세상을 보는 특권을 얻기를 바라지 말고, 모호함과 불확실성에 대처하는 법을 배워야 한다. 우리는 우리 믿음 중 어떤 것이 정말로 중요한 것인지 확신할 수 없다. 하지만 기독교 신학에서 믿음이 중추적 역할을 하는 이유 중 하나가 바로 이 때문이다!

둘째, 맥케이는 신앙 공동체가 길 위에 있다고 강조한다. 신앙 공동체는 길을 걷는 동안 배우고 성장한다. 우리는 서로에게 배우고, 우리 앞에 간 사람들이 얻은 지혜로부터 배운다. 기독교회는 광야를 지나 약속의 땅으로 향했던 고대 이스라엘의 여정을 따라 걷는 믿음의 학교다. 그들도 난관에 부닥쳤으나 소망을 붙잡고 버텨냈다.

우리는 발코니에 서 있는 사람들, 길 위의 삶이 어떤지 경험하지 않고 높은 곳에서 '지혜로 통하는 것'을 적선하는 사람들에게 배우지 않는다. 그보다는 여행하면서 그 길을 함께 걷는 신앙 공동체로부터 배운다. 경험과 성찰에서 나오는 그리스도인의 삶의 실제적 지혜를 배우는 것이다. 고통에는 어떻게 대처해야 할까? 불편한 사람들과는 어떻게 관계를 맺어야 할까? 도무지 종잡을 수 없는 세상에서 어떻게 우리는 믿음 안에서 성장할 수 있을까?

지혜를 키워나가는 일과 관련하여 맥케이는 길 위에서 우리가 어떻게 성장할 수 있는지 이해할 수 있게 해준다. 수년 동안 많은 사람과 직접 대화해본 결과, 대부분 '발코니와 길'이라는 틀이 도움이 된다고 여겼다. 그러나 이보다 더 많은 것을 원하는 이들도 있다. 그들은 어둡고 적대적으로 보일 때가 많은 세상을 여행할 때 사용할 구체적인 지침을 찾는다. 이제 내게 특별한 의미가 있는 신학자가 이 질문을 어떻게 탐구했고, 거기에서 우리는 무엇을 배울 수 있는지 살펴보도록 하자.

믿음의 어둠: 불확실성에 대처하기

이 책을 통해 나는 빛을 비추고 기운을 북돋고 변화시키는 큰 그림을 공개하는 작업으로서 신학의 개념을 탐구했다. 그런데 세상에서 우리가 경험하는 일들이 혼란스럽고 암울하고 도무지 해석할 수 없을 것만 같을 때는 어떨까?

오늘날에는 어마어마한 정보에 압도되어 의미와 지혜를 분별할 수 없게 되었다고 많은 사람이 생각한다. 미국 시인 에드나 세인트 빈센트 밀레이(1892~1950)는 1939년에 쓴 소네트에서, 유럽에서 일어나고 있는 암울한 사건들과 위기의 시기에 일련의 사건을 지켜보며 불안해하는 미국인들에게 통찰과 길잡이를 제공할 수 있는 탁월한 이야기가 없는 현상을 고찰했다. 상황을 이해하는 것이 불가능해 보였다.

이 재능 있는 시대, 이 암울한 시간에

하늘에서 내리는 비, 유성우

사실들의… 그들은 거짓을 말하네, 의심할 수 없고,

짜 맞출 수도 없는.

우리 병을 치료할 만큼의 지혜는

매일 도네, 하지만 직기는 없네

직물을 엮어낼.[32]

  밀레이는 의미의 패턴을 알 수 있게 '사실들'을 하나로 엮어낼 '직기織機'가 없는 현실을 걱정한다. 패턴을 식별할 수도 만들 수도 없다. 그러면 밀레이는 의미 없어 보이는 세상에서 어떻게 의미 있게 살 수 있었을까?

  이는 신학적으로 중요한 질문이고, 영성 작가들이 종종 다루는 주제다. 예를 들어 십자가의 요한(1542~1591)과 그가 쓴《영혼의 어두운 밤Dark Night of the Soul》이 생각날 수도 있다. 유럽 종교개혁 시기에 신학자이자 교회 지도자로 명성을 얻은 마르틴 루터의 초기 저술에서도 이 주제를 흥미롭게 탐구한 내용을 찾아볼 수 있다. 내가 사상의 핵심 주제를 파악하고, 그 의미를 더 폭넓게 숙고하려고 노력하면서 자세히 탐구했던 첫 번째 신학자가 바로 마르틴 루터였다. 그래서 개인적으로 나에게 중요한 인물이다.[33]

  루터의 주요 관심사 중 하나는 소란스럽고 종종 폭력적인 세상 한가운데서 신앙생활의 확고한 기반을 마련하는 것이었다.

우리가 신뢰할 수 있는 유일한 토대는 예수 그리스도 안에서, 예수 그리스도를 통해 자신을 알리신 하나님뿐이라고 루터는 생각했다. 그래서 1529년에 쓴 《대교리문답Greater Catechism》에서 다음과 같이 요점을 정리했다. "무엇이든 당신 마음이 믿고 의지하는 대상, 그것이 진정 당신의 하나님이다."[34] 여기에서 우리는 핵심 신념과 태도, 우리가 우리 자신과 세상을 어떻게 이해하는지를 확실히 보여주는 관계를 확인한다. 사람들은 부나 지위, 소유물을 삶의 중심에 둘 수 있다. 루터는 그리스도 안에 계시된 바와 같이 개인의 정체성과 안전은 하나님 안에 기초를 두고 하나님에 의해 형성된다고 주장한다.

그러나 루터는 신앙생활을 하다 보면 하나님이 어둠과 비밀에 싸여 있는 것처럼 보일 때가 있다는 점을 인정한다. 우리는 어둠 속에서 지나가시는 하나님을 모세처럼 가끔 살짝 엿볼 뿐이다(출 33:18~23). 루터는 믿음의 풍경 중 많은 측면이 여전히 어둠에 싸여 있다는 점을 우리에게 상기시킨다. 그러면 신학은 어슴푸레한 이 세계를 우리가 어떻게 볼 수 있게 해주는가?

이 질문에 대한 루터의 대답은 비텐베르크대학교에서 일하던 사역 초기부터 내놓기 시작한 간결한 선언들에서 찾을 수 있다. "우리의 신학은 십자가뿐이다"와 "십자가는 모든 것을 시험한다"가 그중 가장 유명하다.[35] 무슨 뜻이었을까? 루터에게 십자가는 믿음의 기초이자 기준이다. 십자가를 구원의 토대로 보는 일치된 의견에도 물론 동의하지만, 루터는 십자가가 신자에게 끼치는 주관적인 영향에 특별히 관심을 쏟는다.

　제자들의 행동을 보면 확실히 알 수 있듯이 골고다 언덕에는 하나님이 계시지 않는 듯했다. 하지만 이후의 사건들은 하나님이 드러나지 않는 방식으로 임재하시고 역사하셨음을 보여준다. 루터가 지적했듯이, 우리는 여러 이유로 하나님의 임재하심과 일하심을 인지하지 못하는데, 대개는 하나님이 어디에서 어떤 식으로 일하실 거라는 선입견 때문이다. 우리는 엉뚱한 곳을 보고 있었다. 로마 제국의 권위에 반항하는 자를 저지하려고 설계한 곳, 고통과 죽음을 강제하는 끔찍한 장소, 바로 그 골고다 언덕에 하나님이 임재하시고 역사하시리라고 누가 예상했겠는가?

　이것이 루터의 '십자가 신학' 중심에 있는 신학적 렌즈다. 하나님은 어둠과 절망, 외로움과 비천함 속에 있는 신실한 신자들에게 임재하신다. 루터는 시편 강좌 초반에 시편 18편 11절에 특히 끌렸다. 이 시편 구절은 하나님이 어둠 속에 거하신다고 말하고, 하나님이 숨어 계시고 우리가 이해할 수 없는 저 너머에 계신다고 암시한다. 루터는 어두운 세상 한가운데서도 그리스도를 신뢰하는 것이 곧 믿음이라고 이해하고, 이 주제를 계속 발전시켜나갔다. 하나님은 어둠 속에 거하시고 우리 힘으로는 그 어둠을 뚫을 수 없지만, 그럼에도 불구하고 하나님은 우리에게, 우리를 위해 정말로 임재하신다. 그러므로 우리는 모호하고 수수께끼 같은 신앙생활 중에도, 그곳이 시내산이든 골고다 언덕이든, 하나님이 그 가운데 계심을 알고 믿으며 이 어둠 속에서 살 수 있다.

알아둘 점은 루터가 믿음과 어둠의 관계를 전적으로 일관되게 제시하지는 않는다는 점이다. 따라서 루터의 진술 중 일부를 과대 해석하지 않도록 주의해야 한다. 그러나 이 짤막한 설명마저도 루터의 초기 신학이 모호함과 의심이라는 문제에 어떻게 접근했고, 어떻게 모호함과 의심을 다른 방식으로 보게 해주었는지 보여준다. 살다 보면 하나님이 계시지 않는 듯한 상황을 경험하기도 하는데, 루터는 하나님이 그곳에 안 계신 것이 아니라 우리가 상황을 잘못 해석하고 있는 것이라고 말한다. 하나님이 드러나지 않는 방식으로 임재하셨던 골고다에서 제자들이 그랬던 것처럼. 믿음은 우리가 어둠 속으로 들어가 거기 계신 하나님을 붙들 수 있게 해준다. 루터는 모호함과 불확실성에 대처하는 능력이 곧 지혜라고 보았다.

5장

안녕: 가치와 의미 분별하기

교황으로 선출되고 몇 달 뒤인 2005년 8월, 교황 베네딕토 16세 (1927~)는 쾰른에서 열린 세계청년대회 기념식에서 연설했다. 그가 그날 함께 생각해보아야 할 중요한 질문이라며 강조한 세 가지는 다음과 같다. "내가 의지할 수 있는 이는 누구인가? 누구에게 나를 맡길 것인가? 내 마음속 가장 깊은 갈망을 충족시킬 수 있는 응답을 줄 이는 어디에 있는가?"[1] 종교적인 사람이든 비종교적인 사람이든, 누구나 공감할 수 있는 질문이었다.

베네딕토 교황은 기독교가 이처럼 심오한 질문을 탐구하고 답을 제시한다는 사실, 신뢰할 수 있고 마음속 갈망과 머릿속 질문을 모두 만족시킬 수 있는 '누군가'를 가리킴으로써 이렇듯 심오한 질문들에 답한다는 사실을 전하는 게 중요하다고 생각했다. "여러분이 찾고 있는 행복, 여러분이 누릴 권리가 있는 행복, 그 행복에는 이름과 얼굴이 있습니다. 바로 나사렛 예수입니다." 베네딕토 교황에게 기독교는 단순히 구원과 성취가 있는 곳을 가리키는 지도가 아니다. 기독교는 성취감을 느끼며 살 수 있게 해주고 그런 삶이 어떤 삶인지 우리에게 보여주시는 분을 가리킨다.

베네딕토 교황의 접근법은 '궁극적 관심'(미국 신학자 폴 틸리히가 써서 유명해진 용어)을 표현하고 거기에 답하는 것을 기독교의 본질로 보는 오랜 전통 위에 서 있다. 우리는 기독교 신앙을 관계적으로, 그리고 실존적으로 이해할 수 있다. 그리스도는 신뢰할 수 있는 분이며, 내가 삶을 직시하고 의미 있게 살도록 도와주실 분이다. 그리스도는 생명, 다시 말해 새로운 질과 의미의 생명을 주려고 오셨다. "나는, 양들이 생명을 얻고 또 더 넘치게 얻게 하려고 왔다"(요 10:10).

그런데 도발적이면서도 신중하게 진행된 최근 논의에서 예일대학교 신학자 미로슬라브 볼프와 매슈 크로스문은 신학이 "그 목적을 잊어버린" 듯하다고 주장했다. "예수 그리스도의 인격과 삶과 가르침에 비추어 진정한 삶에 대한 관점을 비판적으로 분별하고, 명확히 밝히고, 권장해야"[2] 하는데 그러지 않고 있다는 말이다. 프린스턴대학교 신학자 엘런 체리(1947~)도 비슷한 지적을 했다. 체리는 "사회에 유익이 되는 방식으로" 사고하도록 신자의 생각에 영향을 미치려는 목회적 목표가 담겨 있는 기독교 교리가 얼마나 많은지 보여주었다. "인간 번영의 중요성을 무시하는 것은 신학과 신학의 목적을 오해하는 것"[3]이라고 체리는 주장했다.

학구적인 신학자들 가운데는 학문적 분석을 치료적 개입으로 무의미하게 환원하려는 시도로 보고 이런 제안에 반대하는 이들도 있을 것이다. 그러나 나는 그렇게 생각하지 않는다. 기독교와 건강 관리의 연관성을 연구해본 사람이라면 누구나 인간의 안녕이 그리스도 사역의 핵심이자 초기 기독교의 지적·목회적 고찰의 핵심임을 알 것이다.[4] 처음부터 기독교 신학은 인간의 번영을 바라보는 고유한 시각을 제시했고, 이것이 어떻게 그리스도에게 기초하고 있으며 교회의 삶에 어떻게 구현되는지 보여주었다.

오늘날 서구 문화권에서는 주로 건강을 증진하고 사회 조건을 개선하는 의미로 '안녕wellbeing'을 이해한다. 많은 기독교 활동가가 인간의 안녕을 위협하는 주요인으로 꼽히는 질병과 빈곤을 퇴치하는 운동에 참여하는 것은 전혀 놀랄 일이 아니다. 더 최근에는 정신 건강의 중요성이 대두되면서 안녕에 대한 전통적인 이해가 확장되어 정신 건강, 삶 만족도, 의미 또는 목적의식, 스트레스 관리 능력까지 포괄하게 되었다. 이번 장에서는 신학이 이런 중요한 문제에 어떻게 관여하는지 살펴보려 한다.

신학과 안녕: 등한시해왔던 '의미'의 중요성

신학과 안녕은 어떤 관계가 있을까? 인간이 단순하게 하루하루 생존하는 것(이것이 중요한 출발점이긴 하지만) 이상을 원한다는 점을 고려할 때 이는 중요한 질문이다. 인간은 지금의 상황이 어떤 의미인지 알고 싶어 한다. 그 상황들이 어떻게 아귀가 맞는지 알고 싶어 하고, 그냥 무작위로 일어나는 일처럼 보이는 사건들을 이해하게 해줄 큰 그림을 분별하고 싶어 한다. 그러나 어떤 교육적인 이야기나 지배적인 세계관 없이, 생존을 위한 생존을 피하기란 불가능하지는 않더라도 쉽지 않은 게 사실이다. 탁월한 틀이 없으면, 큰 그림도 없고 큰 목표도 없다.

신학은 기독교 관점에서 무엇이 좋고 의미 있는지 우리가 결정할 수 있게 도와준다. '좋은' 삶으로 안내하는 틀을 우리에게 제공한다. 그런데 '좋은' 삶 또는 '진정한' 삶을 사는 게 무엇을 의미하는지를 두고 문화적으로나 철학적으로 합의된 것이 없다. 이런 생각은 인간의 본질과 목표에 대한 이해, 즉 세계관을 통해 형성되기 때문이다.[5] 찰스 테일러가 지적했듯이, 총체적으로 이해하게 해주는 큰 그림이 없으면, 좋은 삶을 산다는 것은 그저 "자기 하고 싶은 일을 하는 것"[6]에 불과하다.

18세기로 거슬러 올라가면, 이성의 시대에 동조하던 많은 작가가 '보편적 합리성'과 '선에 대한 이해'를 획득할 수 있다고 생각했다. 오늘날에는 이런 생각을 더 이상 진지하게 받아들이

지 않는다. 역사적 요인이 합리성과 선의 개념에 영향을 끼친다는 사실을 깨달았기 때문이다.[7] 철학자 루트비히 비트겐슈타인 (1889~1951)은 "합리적 또는 비합리적이라고 간주하던 것들이 바뀌는" 현상을 지적한 많은 사람 중 하나다. 역사의 한 시점에서 사람들이 합리적이라고 여기던 일이 다른 시점에서는 비합리적으로 보인다.[8]

그러나 삶의 의미에 관한 질문을 탐구하는 것이야말로 지극히 철학적인 질문이라고 말하는 이들도 있을 것이다. 어쨌든 고대 그리스 철학은 삶의 중대한 질문에 분명 관심이 있었다. 그런 질문에 답하기 위해 굳이 신학을 찾아야 할 이유는 뭔가? 정당한 지적이다. 여기에 답하기 위해 의미 있는 두 미국인의 목소리를 들어보려 한다.

예일대학교 신학자 캐스린 태너(1957~)는 자전적 성찰이 담긴 글에서 예일대학교 학부생 시절에 철학에서 신학으로 눈을 돌린 이유를 설명한다.

신학은 그 당시 대다수 철학자가 피하던 포괄적 방식으로 의미의 문제를 해결할 가능성을 내게 열어주었다. 학문으로서 신학은 분명히 무언가(그냥 이야기에 관한 이야기에 관한 이야기가 아니라)에 관한 것이었고, 참된 것과 옳은 것에 대한 추구는 바깥에 있는 탐구 공동체, 즉 교회에 의미 있는 것이었다. 간단히 말해서, 신학은 누군가에게 중요해 보였다.[9]

"신학의 정당성에 대한 질문"은 학문으로서의 자격을 따지는 질문에서 이제 "이 세계와 그 속에 있는 우리의 위치에 관하여 중요하게 할 말이 있는가?" 하는 질문으로 바뀐 듯하다고 태너는 말한다. 그리스도의 정체성과 의의를 바라보는 태너의 시각을 먼저 살펴보고, 이 이야기를 다시 살펴보도록 하자.

우리가 들어볼 두 번째 목소리인 철학자 수전 울프(1952~)는 최근 철학이 의미에 관한 질문을 진지하게 받아들이지 않았다는 태너의 생각을 지지한다. 울프는 오늘날 철학계에서는 이 질문을 거의 제기하지 않고, 정교함이 부족해서 철학자들을 당황하게 만드는 어린 학생들에게 관심을 기울이는 경향이 있다고 말한다.[10] 울프의 말대로, 삶에 어떤 의미가 있는지에 관한 이야기는 이제 "철학계에서 추방당한" 듯 보인다. 그러나 다행히 삶의 의미에 관한 이야기는 기독교 신학의 환영을 받으며 그 안에 단단히 뿌리를 내렸다.

기독교가 바라보는 삶은 이치에 맞고 의미가 있어 보인다. 이는 인간의 안녕에 특별한 의미가 있는 통찰이다. 옥스퍼드대학교 철학자 아이리스 머독(1919~1999)은 이 세계가 궁극적으로는 합리적이고 의미 있다고 생각하게 해주는 시각에 '진정' 및 '치유' 효과가 있다고 지적한다. 그러나 관찰하고 경험한 것들에 어떤 의미가 있는지 이해하려면, 관찰과 경험과 사건을 해석해야 한다.

소설가 지넷 윈터슨(1959~)은 자전적 회고록 《평범할 수 있어야 행복한 이유Why Be Happy When You Could Be Normal?》에서 안녕과 존엄의 의미를 찾는 일이 중요하다고 강조했다.

> 자기를 의식하지 않는 동물에게는 존엄이 없고, 그런 삶은 인간에게 무의미하다. 우리는 그냥 먹고, 자고, 사냥하고, 번식하며 살 수 없다. 우리는 의미를 추구하는 피조물이기 때문이다. 서구 세계가 종교를 버리긴 했지만, 우리의 종교적 충동까지는 없애지 못했다. 일부에서 지적하듯이, 우리 삶에는 더 숭고한 목적이 필요해 보인다. 돈과 여가, 사회 진보만으로는 충분하지 않다.[11]

윈터슨의 지적은 잘 받아들여졌고 강한 반향을 일으켰다. 그 결과, 인간의 안녕과 관련한 큰 그림의 중요성, 특히 삶의 의미와 하나님 사이의 확고한 관계에 관한 연구가 최근에 훨씬 많아졌다.

몇 년 전, 철학자 루트비히 비트겐슈타인이 초창기에 쓴 노트를 읽었다. 논리에 관한 다소 따분한 질문들을 주로 다루고 있었다. 그런데 1916년 6월에 쓴 글에서 비트겐슈타인은 갑자기 삶의 의미에 관심을 보인다. "하나님과 삶의 목적에 관하여 나는 무엇을 알고 있는가?"[12] 삶의 의미가 하나님에 관한 질문과 관련이 있다고 본 것이다. 그는 이 질문을 고찰했으나 결론에 이르지 못했다. 하지만 '삶에서 의미를 찾는 것'과 '하나님' 사이에 그가 직관적으로 구축한 명확한 관계를 가리키므로 이 질문은 우리에게 중요하다.

그렇다면 삶에서 의미와 목적을 찾는 것이 인간의 안녕에 그토록 중요한 이유는 뭘까? 기독교 신학이 이 질문에 고유한 방식으로 답하긴 하지만, 이 질문은 특별히 종교적인 질문도 신학적인 질문도 아니다. 이쯤에서 콜로라도주립대학교 심리학과 교수이자 의미·목적센터Center for Meaning and Purpose 센터장인 마이클 스테거의 이야기를 듣는 게 도움이 될 것이다. 스테거는 인간이 무언가 가치 있고 의미 있는 일을 한다고 느낄 때 삶의 도전에 훨씬 잘 대처한다고 말하는 많은 연구자 중 한 명이다.

스테거는 "사람들이 자기 삶에 목적이나 사명, 중요한 목표가 있다고 스스로 인식하는" 방식과 함께 "사람들이 삶의 의미를 파악하고 이해하고 확인하는" 방식과 '의미'가 관련이 있다고 본다.[13] 스테거는 가장 불운한 상황에서도 사람들이 어떻게 고통과 역경에 대처할 방법을 찾는지를 보여주고자 제2차 세계대전 때 강제수용소에서 겪은 빅터 프랭클의 경험을 언급한다.[14]

신학은 의미와 목적을 만들어내는 방식으로 세상과 우리 자신을 볼 수 있게 함으로써 우리의 안녕에 크게 이바지한다. 이는 칼 포퍼의 세 가지 세계가 신학적 큰 그림 안에서 하나로 묶이는 것을 잘 보여주는 훌륭한 예다. '삶의 의미에 관해 말하는 것'은 현실을 경험적 사실의 영역으로 한정하는, '그럴듯해 보이나 실상은 얄팍한 합리주의'(C. S. 루이스)에 제한받기를 거부하는 것이다. 그것은 이 세계에서 하는 경험 너머에까지 이르고, 인간을 더 거대한 상황에 놓는 지적인 틀을 파악하고 탐구하고, 우리 자신과 이 세계에서 살아가는 일을 새로운 방식으로 볼 수 있게 하는 것이다.

연결: 정연하고 의미 있는 세계 발견하기

무신론자였던 10대 시절에 나는 어떠한 목적도 의미도 없는 모순되고 무의미한 우주에 내가 살고 있다고 굳게 믿었다. 우주가 그냥 거기 있었고, 내가 그냥 거기 있었을 뿐이다. 나는 더러 아름답기도 하나 대체로 의미 없는 세계를 우연히 만났을 뿐이다. 나는 과학을 사랑했다. 우주가 존재하는 이유나, 아무것도 없을 수 있는데 우주에 무엇인가가 존재하는 이유를 설명하지는 못해도, 우주가 작동하는 방식은 과학이 설명할 수 있을 것 같았기 때문이다. 이 점에서는 소설가 조지프 콘래드(1857~1924)의 영향이 컸다. 콘래드는 별이 총총한 밤하늘의 광휘가 "지독한 외로움을, 영혼 없이 반짝거리는 우주의 찬란한 계시 속에서 길을 잃은 지구의 절망스러울 만치 이해하기 힘든 무의미함을"[15] 이야기한다고 말했다. 표현은 우아하나 메시지는 침울했다. 아무 의미가 없었다. 우주는 답이 없는 난제, 해답이 없는 수수께끼였다.

지금은 그렇게 생각하지 않는다. 앞에서 살펴보았듯이, 신학은 세상을 보는 방식을 제시함으로써 그렇지 않았으면 혼란스럽고 단절된 듯 보였을 세상을 하나로 엮어내, 삶에서 의미와 가치를 분별할 수 있도록 우리를 돕는 중요한 역할을 한다.

기독교의 큰 그림은 영화롭고 사랑 많고 의로우신 하나님, 망가져가는 이 세상을 창조하시고 완전히 망가지기 전에 방향을 틀어서 새롭게 하시고자 은혜롭고 경이롭게 역사하시는 하나님을 드러낸다. 우리도 이 이야기에 빠지지 않는 부분이다. 기독교의 큰 그림은 우리의 진정한 목적, 의미, 가치를 보여준다. 우리가 누구인지, 무엇이 잘못되었는지, 하나님이 이에 대해 우리에게 뭐라고 말씀하시는지, 이 변화 과정에 우리는 어떻게 참여하는지 보여준다.

하버드대학교 심리학자 윌리엄 제임스(1842~1910)는 종교적 믿음이란 기본적으로 "자연율自然律의 수수께끼를 발견하고 설명할 수 있는, 보이지 않는 질서가 존재한다는 믿음"[16]이라고 지적한 바 있다. 기독교 신학자들은 오래전부터 세계를 이해하고 심오한 패턴을 찾는 일의 중요성을 인지해왔고, 어떤 면에서는 이것이 세계를 창조하신 하나님의 지혜를 반영한다고 주장해왔다.

그런데 이런 고찰은 또 다른 질문을 낳는다. 그런 '패턴' 또는 큰 그림이 있다는 사실을 알면 어떤 이점이 있는가? 그러니 이제 기독교 신학이 믿음이라는 개념을 어떻게 이해하고 있는지, 이 믿음이 우리에게 어떤 변화를 일으키는지 살펴보도록 하자.

믿음: 기독교 현실관 안에 거하기

믿음의 본질에 관한 신약성경의 설명은 복잡하다. 다양한 통찰을 내놓고, 그것들을 하나로 모아서 정연한 전체로 엮어내라고 권한다. 신학적으로 믿음을 깔끔하게 정의하는 작업은 꽤 솔깃한 일이지만, 이는 필연적으로 믿음에 대한 이해를 제한하고 말 것이다. 제네바 신학자 장 칼뱅은 "우리를 향하신 하나님의 선하심을 아는 확고하고도 분명한 지식으로서, 그리스도 안에서 값없이 주신 약속의 진리에 근거하는 것이며, 성령으로 말미암아 우리 지성에 계시되고 우리 마음에 인쳐진 것"[17]으로 믿음을 이해하는 것이 가장 좋다고 말했다.

칼뱅이 내린 정의는 신학적으로 귀중하다. 그는 삼위일체의 맥락에서 출발하여 믿음의 객관적 측면과 주관적 측면을 매우 중요하게 구분한다. 복음은 "우리 지성에 계시된" 동시에 "우리 마음에 인쳐졌다." 하나님의 약속은 믿고 의지할 수 있다. 믿음이란 우리에게 '약속하시는' 하나님께 우리가 보내는 응답이다.

따라서 믿음은 맡기는 것이다. 20세기 초 영국의 대표적인 신학 저술가 윌리엄 템플(1881~1944)은 이 점을 분명히 밝혔다. "믿음은 교리적 명제에 머리로 동의하는 것일 뿐 아니라, 신실하신 창조주이자 자비로우신 구원자의 손에 우리 자신을 오롯이 맡기는 것이다."[18] 마가복음에는 이 중요한 주제가 실현되는 장면이 담겨 있다. 갈릴리 바닷가에서 예수께서 첫 제자 시몬과 안드레를 부르시는 장면이다. 마가는 '부름'과 '따름'이라는 주제에 초점을 맞춘다. 예수께서 부르시자 두 사람은 그 부름에 응하여 따랐다(막 1:16~18). 그리스도께서는 두 사람에게 자신의 정체나 중요성을 증명하지 않으셨다. 그들이 그분을 따라가야 할 '이유'도 전혀 입증하지 않으셨다. 두 사람은 자기들에게 따라오라고 말씀하시는 이 사람이 대체 누구인지, 그들이 무엇을 하기를, 또는 어떤 사람이 되기를 원하시는지 충분히 이해하지 못했다. 이는 두 사람이 예수와 함께 여행할 때 드러난다. 예수께서 가르치시는 말씀을 듣고, 또 고치시고 회복하시는 그분을 보면서, 그들은 자기들이 그분의 사역에 적합한 사람임을 차츰 깨닫는다.

큰 그림 개념으로 돌아가서 말하자면, 믿음은 더 웅대한 현실관이 있고, 그 관점이 믿을 만하고, 마지막으로 그 안에 거할 만하다는 사실을 인정하는 것이다. 두 제자처럼 우리도 이 웅대한 현실관이 드러내는 세계에 발을 디디고 그 현실관을 우리 것으로 삼아야 한다.

그러면 의미에 관한 질문들과 우리가 우리 자신과 이 세계에 관해 느끼는 방식을 고찰하는 데 신학이 어떻게 도움이 되는지 묻지 않을 수 없다. 이제부터는 성육신의 신학적 개념에 초점을 맞춰 이 문제를 탐구하려 한다.

성육신의 중요성

아마도 지나간 '이성의 시대'가 끼친 영향 탓일 텐데, 지난 몇 세기 동안 사람들은 신학을 주로 상황을 이해해보려는 노력 정도로 여겼다. 그러나 초기 기독교 저자들은 신학을 이해를 가능하게 하고 안녕을 증진하는 것으로 여겼다. 이 점은 인류 번영과 '좋은 삶'에 대한 추구에 관하여 신학을 바탕으로 조리 있게 설명했던 아우구스티누스의 작품에서 확인할 수 있다. 388년, 아우구스티누스는 자신이 한때 몸담았던 마니교 종파의 사상과 기독교 사상을 비교하는 논문을 썼다. 아우구스티누스가 쓴 이 논문을 읽을 때면 늘 다음 문장이 내 눈길을 사로잡았다.

> 하나님이 인류의 최고선(*summum bonum*)이시고, 이 사실을 부정할 수 없다면, 최고선을 추구하는 것이 곧 잘 사는 것이므로, 잘 산다는 것은 곧 마음을 다하고 목숨을 다하고 뜻을 다하여 하나님을 사랑하는 것임이 분명하다.[19]

아우구스티누스는 행복의 중요성을 잘 알고 있었고, 하나님이 행복의 원천이자 궁극적인 목표이시므로 하나님을 찾고 받아들이는 일과 행복이 불가분의 관계라고 보았다.

기독교는 중심인물의 의의, 즉 하나님이 어떤 분인지 우리에게 '말씀하시고' '보여주시는' 예수 그리스도의 의의를 창의적이고도 이성적으로 고찰한다. "그 말씀은 육신이 되어 우리 가운데 사셨다"(요 1:14). 성육신 교리는 우리 중 한 사람으로, 눈으로 보고 손으로 만질 수 있는 방식으로 우리 가운데 오신 하나님의 아들 덕분에 가능해진 하나님과 인간 사이의 직접적이고 변혁적이며 인격적인 만남에 관해 이야기한다.

이 글은 생명의 말씀에 관한 것입니다. 이 생명의 말씀은 태초부터 계신 것이요, 우리가 들은 것이요, 우리가 눈으로 본 것이요, 우리가 지켜본 것이요, 우리가 손으로 만져본 것입니다. 이 생명이 나타나셨습니다. 우리는 그것을 보았습니다. 그래서 우리는 이 영원한 생명을 여러분에게 증언하고 선포합니다. 이 영원한 생명은 아버지와 함께 계셨는데, 우리에게 나타나셨습니다(요일 1:1~2).

성육신하신 하나님으로서 그리스도께서는 의미 있고 가치 있는 삶을 구현하신다. 따라서 그리스도인들은 이 삶을 최대한 본받아야 한다. 그리스도께서는 구원받은 삶이 현실 세계에서 어떻게 나타나는지 우리에게 보여주신다. 철학자 이언 키드의 말대로, "지혜 전승"은 "좋은 삶을 이론으로 표현하는 것" 이상의 의미가 있다. "구체적인 실천 사례"를 명시하거나 구현하는 사람을 가리키는 것이다.[20]

기독교의 성육신 교리는 또한 이 세계에서 통일성을 추구하는 일에 빛을 비춘다. 신약성경은 통일성의 원리로 그리스도를 이야기한다. 그리스도는 "만물보다 먼저 계시고, 만물은 그분 안에서 존속"한다(골 1:17). 아무 의미가 없을까 봐 두려워하는 마음은 삶에 '큰 그림'이 없다는 인식과 관련이 있지만, 기독교에는 성육신하신 하나님, 즉 그리스도 안에 '의미'가 구현되어 있다. 그러니 이제 성육신의 의의에 관해 조금 더 자세히 살펴보자.

우리 존재의 변화: 성육신 정확히 이해하기

앞에서 기독교 구원관을 어떻게 하면 지도처럼 정확히 묘사할 수 있을지 탐구하면서, 구원에 관한 풍요롭고 다양한 시각을 신학이 어떻게 하나로 엮어내는지 이해하는 것이 중요하다고 말했다. 그것이 우리의 안녕에 중대한 영향을 미치기 때문이다. 이제 성육신 교리에 대해서도 똑같이 해보자. 우리가 우리 자신과 이 우주에서 우리의 위치를 '생각하는'(그리고 '느끼는') 방식을 성육신 교리가 어떻게 바꾸어나가는지에 초점을 맞춰보자.

알다시피, 교리를 '보는' 것만으로는 충분하지 않다. 그것을 '통하여 보면서' 우리 자신과 하나님과 이 세계를 이해하는 데 그 교리가 어떻게 도움이 되는지 물어야 한다. 성육신 교리는 이 복잡한 세상에서 살아가는 우리가 우리 자신을 이해하고 느끼는 방식을 어떻게 바꾸어놓을까? 이 주제와 관련하여 신학자들이 명확히 설명한 두 가지 방식을 살펴보자.

1. 고통에 대처하기

어떤 철학자들은 고통을 잘 피하거나 고통의 실재성 또는 중요성을 부정하는 삶을 성공한 삶으로 여긴다. 기독교는 고통을 우리가 신경 써야 할 현실로 보고, 십자가에 못 박히신 그리스도의 모습을 묵상하는 것을 경건 생활의 한 형태로 여긴다. 십자가에 달리신 그리스도의 모습은 지금 고통을 겪는 자들에게 우리 구주와 하나님이 고통을 모르시는 분이 아니고 어려운 시기에 위안의 원천이 되실 수 있다는 확신을 주어 그들을 안심시킨다. 로마 제국 안에서 기독교가 무시당하고 산발적으로 박해를 받던 긴 시간 동안 초기 기독교 영성은 특히 고난과 관련하여 신자 개개인의 이야기와 그리스도의 이야기가 어떻게 연결되는지를 강조했다. 로마 지하 묘지에 있는 벽화에는 이것이 시각적으로 표현되어 있다. 예를 들면, 위험한 세상에서 지칠 대로 지쳐서 두려움에 떠는 양을 어깨에 들쳐 멘 선한 목자의 모습으로 그리스도를 묘사한다.

이 세상에서 우리가 고통을 어떻게 이해할 수 있는지를 다룬 책은 수없이 많고, 대개는 이 문제를 머리를 싸매고 풀어야 할 수수께끼로 취급한다. (앞 장에서 언급했던) 이성의 시대에 합리주의가 부상하면서 많은 현대 작가가 고통이 발생하는 이유를 설명하는 데 집중했다. 이를 흔히 '신정론theodicy'이라 부른다. 그러나 대다수 기독교 신학자들은 고통의 존재를 주어진 조건所與으로 받아들인다. 그리고 우리가 해야 할 질문은 "고난받는 그리스도를 향한 믿음은 어떻게 우리가 고통에 '대처하고' 고통으로부터 배우게끔 도울 수 있는가?"라고 믿는다.

독일계 미국인 신학자 도로테 죌레(1929~2003)는 고통을 신학적으로 설명하는 일에 회의적이다. 영향력이 상당했던《고통 Suffering》(1975)이라는 책에서 죌레는 고통에 대한 이론적 설명이 현상을 정당화하고, 우리로 하여금 괴로워 신음하는 사람들의 처지에 둔감해지게 할 뿐, 그 이상의 역할은 하지 못하는 듯 보인다고 주장했다. 그러나 이러한 우려에도 불구하고, 죌레는 우리가 고통을 통해 배우고 고통과 더불어 잘 살아가려면, 무의미해 보이는 고통 속에서 어떤 의미를 분별해내거나 만들어내는 작업이 꼭 필요하다고 믿었다. 많은 기독교 신학자가 보기에, 고난받는 그리스도야말로 그런 의미를 발견할 수 있으리라는 참된 소망을 구현하시는 분이다.

2. 성육신과 접붙임

신앙생활의 본질을 둘러싼 고전 기독교 사상의 중심 주제 중 하나는 '그리스도에게 붙어 있다' 또는 '그리스도와 연합하다'라는 개념이다. 둘 다 그동안 신학적으로도 영적으로도 폭넓게 적용되어온 신약성경의 주제다. 중세 시대의 많은 영성 작가는 '그리스도에게 접붙임'이라는 이 주제가 얼마나 중요한지 알아보았고, 때때로 이것을 사랑하는 두 사람의 결합으로 묘사했다. 그러다 20세기 후반에는 주로 (부모와의 애착 관계가 만든) '안전 기지'가 아동 발달에 중요하다는 점을 강조하는 '애착 이론'의 관점에서 이 주제를 다루었다. 사회심리학자 존 볼비(1907~1990)의 저서가 핵심이었는데, 특히 1988년에 출간한 《안전 기지A Secure Base》에서 볼비는 긍정적 인격 발달에 애착이 매우 중요하다고 강조했다.

이는 그리스도 안에 구현된 아버지 하나님의 돌보심의 정서적·관계적 측면을 탐구하는 데 도움이 된다.[21] 앞서 언급했던 미국 신학자 캐스린 태너는 《그리스도가 핵심이다Christ the Key》(2009)에서 '애착'의 이미지를 특히 효과적으로 사용한다.

성령께서는 우리를 그리스도와 결합만 시키시는 게 아니다. 일단 우리가 그리스도와 결합하고 나면, 우리 안에 들어오셔서 성육신하신 성자 예수께서 사셨던 삶을 본받아 새로운 삶을 살 수 있도록 우리에게 힘을 주신다. 우리는 단순히 그리스도와 결합하는 것이 아니라, 그리스도에게 받은 성령의 능력을 힘입어 그리스도를 닮아가야 한다.[22]

중요한 존재 되기: 기독교와 인간의 가치

우리는 누구나 자신이 정말로 중요하고, 어떤 의미에서 누군가에게 특별하기를 바란다. 그런데 이 소망이 서서히 무너지는 것 같다. 일례로, 지그문트 프로이트는 과학이 발전하면서 우주에서 인류의 위치와 중요성을 급진적으로 재평가하게 되었고, 그 결과 우리는 위엄 있고 유일무이한 존재인 척 허세를 부리기가 어려워졌다고 말한 바 있다. 우리의 존재와 안녕에 아무 관심이 없어 보이는 이 광대한 우주에 비하면 너무도 작아 보이기에, 우리는 우리 자신의 무의미함을 자각하고 움츠러들기 쉽다.

신학은 이 문제에 어떻게 대응할 수 있을까? 메릴린 로빈슨은 이런 불안을 새로운 맥락에서 새로운 시각으로 볼 수 있도록 두 가지 신학 주제를 하나로 엮는다. 가장 흥미로운 논의 중 하나는 〈시편 8편〉이라는 제목의 수필에서 찾을 수 있다. 이 수필에서 로빈슨은 시편 8편 서두에 해당하는 3~4절을 활용해 인간 존재에 대한 우려를 탐구한다.

주님께서 손수 만드신 저 큰 하늘과
주님께서 친히 달아놓으신
저 달과 별들을 내가 봅니다.
사람이 무엇이기에
주님께서 이렇게까지 생각하여주시며,

사람의 아들이 무엇이기에

주님께서 이렇게까지 돌보아주십니까?

(시 8:3~4)

로빈슨이 이 질문에 내놓은 대답에는 상호연결된 두 가지 요소가 들어 있다. "하나님이 우리를 창조하셨기에 우리가 중요하고, 우리를 불러서 구원하시고자 하나님이 창조 질서에 들어오셨기에 우리가 중요하다."

우선 로빈슨은 하나님께 지음을 받고 또 사랑을 받는다는 사실이 인간에게 지위를 부여한다고 주장한다. 일단 이 지위를 인정하고 내면화하고 나면, 우리는 적어도 어떤 의미에서는 우리가 특별하다고 확신하게 된다.

규모에 관한 모든 개념을 교란해서 하나님과 인간 사이의 무한한 거리를 좁히는 것이 시편 기자의 전략이다. 저 큰 하늘이 하나님이 손수 만드신 작품이라니, 작고 유한한 인간이 대체 뭐라고 이렇게까지 하시는가? 자신이 던진 질문에 시인은 이렇게 답한다. "인간은 존귀하고 영화로운 왕관을 쓰고 있다." 인간이 남다른 의미에서 하나님이 만드신 작품인 까닭은 하나님이 그에게 존엄을 부여하시고, 천사와 같이 지고한 위엄을 입혀주셨기 때문이다.[23]

로빈슨은 여기에 두 번째 통찰을 보탠다. 하나님이 인간을 '찾아오시는' 성육신을 통해 "하나님과 인간 사이의 무한한 거리"에 다리가 놓인다. 하나님이 우리가 사는 땅에 들어오셔서 그 땅이 (그리고 우리가) 영광으로 빛나게 해주신 것이다. 하나님이 이런 겸손과 긍휼의 행동을 하실 만큼 우리를 가치 있게 여기신다면, 우리도 우리의 가치에 관해 숙고해보아야 한다.

17세기 시인이자 신학자인 조지 허버트는 조금 다른 방식으로 접근한다. 허버트가 쓴 〈엘릭시르〉라는 탁월한 시를 앞에서 이미 살펴본 바 있다. 같은 작품에서 허버트는 하나님이 '만지시면' 인간의 삶에 가치 변화가 생긴다는 관념을 탐구한다. 여기서 허버트는 그리스도께서 병자를 손으로 만져서 병을 고치시고 그들을 회복시키시는 복음서 이야기로 돌아간다. 허버트는 하나님의 은혜로운 '손길'을 비卑금속을 금으로 바꾸는, 중세 연금술의 유명한 철학자의 돌에 비유한다.[24]

이것이 모든 것을 금으로 바꾼다는
그 유명한 돌이다.
하나님이 만지시고 자기 것이라 인정하신 것이
그보다 못하다 말할 수 없다.

허버트에게 그리스도는 신자들을 "만지시고 자기 것이라 인정하시고", 그리하여 그들을 변화시키시는 성육신한 구주이시다. 이로써 어떤 이들이 평범하다고 여기는 존재가 소중하고 중요한 존재가 된다. 하나님의 은혜로 그들의 가치가 바뀌었기 때문이다. 우리는 우리 자신을 부정적으로 볼지라도, 하나님은 우리를 이렇게 보신다. 메릴린 로빈슨은 〈길리아드Gilead〉 연작의 네 번째 작품인 《잭Jack》(2021)에서 이 주제를 잘 표현했다. 로빈슨은 이 작품을 통해 누군가를 두고 평범하다고 말할 수 있는 것인지 의문을 제기한다. "낯선 사람을 보면, 영혼이 보이고, 세상 어디에도 없는 영광스러운 존재가 보인다."[25] 허버트의 시 〈엘릭시르〉는 "무엇이 좋고 가치 있는가"에 관한 문화적 가정에 의문을 제기하고 기독교의 틀을 바탕으로 대안을 제시한다.

이 주제를 한층 더 발전시킨 인물로는 미국 정교회 신학자이자 소설가인 데이비드 벤틀리 하트(1965~)를 들 수 있다. 난해한 문체로 유명하고, 발상과 분석이 탁월하여 널리 칭송을 받는 작가다. 하트는 "자기 자신과 다른 사람, 그리고 이 세상 속 자신의 위치를 이해하는 인간의 도덕적·개념적 범주를 완전히 수정한다"는 점에서 "기독교 현실관"은 "모든 가치에 대한 재평가"라고 보아도 무방하다고 주장한다.[26]

기독교가 처음 등장했을 때 어떤 이들은 기독교를 당대 사회 체제를 전복하려는 혁명적인 정치 운동으로 여겼을 것이다. 그러나 하트가 지적했듯이, 기독교는 '생각'의 혁명이었다. 하나님과 인간을 생각하는 새로운 길을 열었고, 이로 인해 로마의 전통 사회 규범이 도전을 받았다.

초기 그리스도인들이 신분과 계층을 막론하고 모든 사람에게 흔쾌히 온전한 인간성을 부여하는 기괴한 선심을 쓸 때 이교도들이 얼마나 큰 반감을 느꼈을지, 지금 우리가 이해하기란 사실상 불가능하다.[27]

초기 그리스도인들은 평가 및 행동 양식이 하나님 나라라는 새로운 현실에 부합해야 하고, 모든 사람이 좋은 대우를 받아야 한다는 점을 인식했다. 왜냐고? 그들은 새로운 렌즈를 통해 새로운 방식으로 사람들을 보았기 때문이다. 그들은 새로운 '현실관' 안에 거했다.

복음서에 등장하는 새로운 세계는 거대하게 쌓아 올린 특권과 권력의 철옹성이 긍정적 의미의 '무정부적' 새 질서로 대체된 세계다. 그 세계에서는 십자가에 못 박힌 종을 통해 하나님의 영광이 드러난다. 그러므로 우리는 세상에 버림받은 자들에게서 하나님의 얼굴을 보아야 한다. 이 충격적이고도 터무니없이 무질서한 질서 속에서 만물은 급진적인 변화를 불러일으키는 빛을 받아, 전적으로 새롭고 어쩌면 동요를 일으킬지도 모를 무언가를 의미하게 된다.[28]

허버트와 하트는 전혀 다른 방식으로 기독교 '현실관'을 마음에 그리고 실천에 옮기라고 우리에게 권한다. 기독교가 창조하고 긍정하는 새로운 가치, 즉 그리스도 안에 구현된 가치를 숙고하는 삶을 살라고 권유한다.

그렇다면 이러한 가치를 숙고해볼 때 신학의 핵심은 무엇일까? 대답하자면, 믿음이 우리로 하여금 보게 하고 그 안에 거하도록 우리를 훈련하는 이 이상한 신세계를 이해할 수 있게 돕고, 그리하여 우리가 이 새로운 창조 세계의 책임 있는 시민이 될 수 있게 하는 것이 신학이다(빌 3:20). 신학은 우리가 새로운 도덕 질서를 인지할 수 있게 해주고, 새 예루살렘에서 이 가치들이 실현되길 기대하면서 그 가치들에 발맞추며 이 세상에서 그 가치들을 실천하라고 우리를 초대한다. 그리스도를 만난 뒤, 우리는 상황을 새로운 방식으로 보고 평가한다. 이탈리아 프란체스코회 수녀이자 영성 작가인 폴리뇨의 안젤라(1248~1309)가 말했듯이, "우리는 본 대로 사랑한다. 더 완전하고 순수하게 볼수록 더 완전하고 순수하게 사랑한다."[29]

교회는 이 현실관을 지지하고 이를 삶으로 실천하며 살도록 사람들을 지도하는 공동체다. 미국 신학자 스탠리 하우어워스(1940~)가 그리스도인의 삶의 윤리적 측면에 초점을 맞추어 이 점을 잘 설명한다.

기독교 윤리의 주된 임무는 우리가 볼 수 있게 돕는 것이다. 우리는 우리가 볼 수 있는 세계 안에서만 활동할 수 있고, 보는 법을 훈련받아야만 이 세계를 제대로 볼 수 있기 때문이다. 그냥 처다보기만 하면 보게 되는 것이 아니다. 이야기 속으로 들어가야만 연마할 수 있는 숙련된 기술이 있어야 제대로 볼 수 있다.[30]

윤리에 접근하는 기독교만의 독특한 방식은 기독교 이야기 속으로 들어가서 그 이야기가 우리 행동에 어떻게 영향을 끼치는지 진지하고 광범위하게 숙고하는 데서 나온다. 이것이 하우어워스가 말하려는 요지다. 그는 이 새로운 방식으로 세계를 인식하려면 '숙련된 기술'을 실천하는 것이 중요하다고 강조한다. 무신론자의 관점 대신 기독교 신학의 렌즈를 통해 자연계와 인간을 보면 뭐가 다를까? 이런 기술을 발달시키고 상황을 새롭게 보는 습관을 기르도록 우리를 도와줄 이는 누구인가?

이런 고찰은 필연적으로 신학 교육에 관한 생각으로 이어지게 마련이다. 그런데 신학 교육은 갈수록 기술관료를 기르는 과정, 이를테면 목회 및 설교 기술을 습득하고, 교단의 기업 문화를 전수받고, 사전에 정해진 신학적 결론을 배우는 과정처럼 비친다. 그러나 신학적 관점에서 상황을 바라보는 기술을 배우고 이 기술을 발전시키려면 우리에겐 지도와 조언 역시 필요하다. 신학 교육은 신앙의 풍경을 발견하고, 우리보다 먼저 그 길을 걸은 사람들에게 배우고, 그들의 지혜를 개인적으로 흡수하여 우리의 비전으로 삼는 과정이어야 한다.

그리스도인들은 경험을 다양한 방식으로 이해하는데, 이는 인간의 갈망에 관한 오랜 탐구에 중요한 결과를 불러온다. 이것이 우리가 다음에 살펴볼 주제다.

마음속 갈망: 충족감 찾기

마르틴 루터와 같은 16~17세기 신학자들은 경험이 신학적으로 중요하다고 여겼다. 그러나 내가 신학 공부를 시작했을 당시에는 경험에 천착하다 보면 주관주의에 빠지는 용납하기 힘든 실수를 저지르게 된다는 견해가 지배적이었다. 다행히 이 시기에 몇몇 저자가 이런 견해에 반기를 들었다. 그중 가장 눈에 띄는 인물이 독일 신학자 게르하르트 에벨링(1912~2001)이다. 1974년에 에벨링은 '신학의 경험 결핍'을 한탄하는 강연을 했다. 이 강연에서 그는 신학과 경험을 다시 잇자고 제안함으로써,[31] 모든 인간이 거하는 칼 포퍼의 '세 개의 세계'(78쪽)의 핵심 요소들을 연결했다.

그렇다면 신학이 인간의 경험, 그러니까 우리 손이 닿지 않는 곳에 있는 듯한 깊은 갈망에 관여하면 무슨 일이 벌어질까? 아우구스티누스와 C. S. 루이스 같은 저자들은 그런 경험을 제대로 이해하는 것이야말로 신학이 가리키는 것과 마주하는 첫걸음이라고 보았다. 이번 장 마지막 부분인 이 단락에서는 마음속 갈망을 충족시킨다는 관념을 살펴봄으로써 이 주제를 탐구하려 한다.

초기 기독교 저자들은 기독교가 인간의 갈망과 열망을 세 가지 수준에서 충족시킨다는 관념을 탐구했다. 첫째, 본디 유대교에서 나온 기독교는 유대교의 소망과 갈망을 충족시킨다. 그리스도께서 산상 설교 때 하신 말씀이 이를 공표하는 선언문이라 여기는 시각이 널리 퍼져 있었다. "내가 율법이나 예언자들의 말을 폐하러 온 줄로 생각하지 말아라. 폐하러 온 것이 아니라, 완성하러 왔다"(마 5:17).

1세기 후반에 기독교가 로마와 그리스 문화에 빠르게 자리를 잡으면서 기독교와 유대교는 점차 관련성이 줄어드는 듯 보였다. 많은 사람이 지혜를 추구하는 인간의 고전적인 탐구를 기독교가 충족시킨다고 여겼다. 그래서 플라톤과 플로티노스 같은 철학자들의 저술에 나오는 몇몇 중요한 주제를 기독교가 어떻게 충족시키는 것처럼 보이는지를 강조했다.

그러나 다른 초기 기독교 저자들은 좀 더 경험주의적 차원에서 기독교의 의의를 찾았다. 옥스퍼드대학교 철학자 아이리스 머독은 그리스 철학자 플라톤과 소크라테스가 대화하는 가상의 상황을 상정하고 이를 통해 갈망에 대한 인간의 경험을 숙고했다. 무엇으로도 해소할 수 없을 것 같은 깊디깊은 갈망을 어떻게 이해해야 할까? 머독은 두 사람의 답변에 주목한다.

플라톤: 우리 집은 다른 곳에 있고, 그곳이 자석처럼 우리를 끌어당깁니다.

소크라테스: 설혹 우리 집이 다른 곳에 있더라도, 우리는 그곳에서 추방당했으니 동료 망명자들과 함께 이곳에서 살 수밖에 없다네.[32]

어떤 이들은 플라톤 철학의 틀이 우리 안에 귀소 본능이 장착되어 있다는 개념을 탐구하는 데 도움이 된다고 보았다. 이 본능이 우리를 집에 데려다주지는 못할지 모르지만, 찾아야 할 집이 있다고 우리를 안심시키고 우리를 옳은 방향으로 안내한다고 말이다.

아우구스티누스는 기독교가 인간 마음의 가장 깊은 갈망을 충족시킬 수 있는 하나님을 제시한다고 보았다. 이는 그가 드렸던 유명한 기도에 잘 표현되어 있다. "당신께서는 당신을 향해 살도록 우리를 창조하셨으므로, 당신 안에서 안식을 찾을 때까지 우리 마음은 쉬지 못합니다."[33] 인간이 경험하는 갈망이 실제로 의미하고 가리키는 바가 무엇인지 이해하려면, 이를 '신학적으로' 해석할 필요가 있다. 아우구스티누스에 따르면 인간에게는 하나님과 관계를 맺고 싶은 갈망이 내재되어('하나님의 형상'을 지니고 있다는 말로 표현하곤 하는 관념) 있다. 그래서 하나님을 찾고 받아들이는 것이 우리의 '운명'이고, 그렇게 함으로써 우리는 기쁨과 평화를 얻는다. 아우구스티누스는 우리를 만나서 변화시키기 위해 역사 속에 들어오신, 즉 우리를 찾아오신 하나님이라는 개념과 함께 하나님을 찾는 '쉬지 못하는 인간의 마음'이라는 개념을 제시한다.

　그런데 아우구스티누스는 진정한 목표에 한참 못 미치는 것에 매료되어 환멸까지는 아니더라도 실망하게 되는 일이 종종 있다고 우리에게 경고한다. 이 시대 가장 통찰력 있는 아우구스티누스 해석자 중 한 명인 로완 윌리엄스는 우리 방식과 우리 힘으로 평화와 진실성과 행복을 찾으려는 시도는 낭패를 보고 말 것이라고 말한다.

　　우리는 우리 자신을 만족시키려 애쓰다 좌절하고 실망한다. 그러고는 공허함에서 벗어나기 위해 우상과 환상을 만든다. 그 결과, 우리의 속박과 분노와 비참함은 더 심해진다(이는 마치 갈증을 해소하기 위해 바닷물을 마시는 것과 같다).[34]

　아우구스티누스에 따르면 오직 하나님만 인간 마음의 가장 깊은 갈망을 충족시키실 수 있다. 이유는 간단하다. 그것이 우리가 창조된 목적이기 때문이다.

　이번 장에서는 기독교 신학이 어떻게 우리에게 현실을 보는 방식 또는 관점을 제공하는지 보여주려고 노력했다. 기독교 신학은 우리가 의미와 가치를 (날조하는 것이 아니라!) 분별할 수 있게 해준다. 의미와 가치는 정원에 있는 나뭇잎 색깔이나 우리 주변 대기의 온도처럼 이 세계를 읽어낼 수 있는 특질이 아니다. 그것들은 우리가 사는 이 세계를 단순히 관찰하는 것이 아니라 해석할 수 있게 해주는 세계관, 즉 이 세상에 대한 큰 그림에 의해 만들어진다.

철학자 찰스 테일러의 작품을 살펴볼 때 확인했듯이 (28~32쪽), 어떤 이들은 원대한 현실관에 의존하지 않는 중립적 세계관을 채택하려고 애쓴다. 그러나 테일러가 예리하게 지적했듯이, 이것은 "무엇이 좋은가, 또는 무엇이 가치 있는가, 무엇이 감탄할 만한가, 무엇이 귀중한가?"라는 질문에 답할 수 없다는 뜻이다. 왜 못하냐고? 의미와 가치 모두 현실에 대한 해석이기 때문이다. 의미와 가치는 철학적 또는 신학적 렌즈를 통해 삶을 바라보는 데서 나온다.

내내 강조했듯이, 기독교는 우리가 이 복잡한 세상에서 자리를 잡을 수 있도록 우리를 큰 그림 안에 둔다. 달리 말하면 기독교는 우리가 어떻게 이 원대한 계획에 부합하는지 알아내도록 우리를 초대하여 우리가 누구인지 말해준다. 우리는 우리가 이 큰 그림 안에 서 있음을 이해하고, 우리가 사는 이 세계와 그 안에 있는 우리의 위치, 우리의 의의와 가치를 이해하는 데 큰 그림이 어떻게 도움이 되는지 분별하는 법을 배워야 한다.

6장

경이: 삶을 보는 시야 넓히기

신학을 공부하면 경이감을 계속 유지할 수 있다. 신학은 발견해야 할 게 얼마나 많은지 넌지시 알려줌으로써 상황을 더 잘 탐구하고 이해하고픈 갈망을 우리 안에 만들어낸다. 경이로움에 대한 경험은 "세계를 습관적으로 보던 버릇을 잠깐 중단하고 새롭고 창의적인 방식으로 주변 환경을 대하게끔 사람들을 유혹한다."[1] 신앙생활을 다시 생각하고 다시 상상하라는 제안을 우리가 선뜻 받아들이게 만든다.

물론 우리는 이 경이감을 혼자 경험하지 않는다. 다른 이들이 자신의 경험을 우리에게 나누어주고, 이로써 우리의 경험이 더 풍부해진다. 런던 웨스트민스터 사원의 주임사제였던 마이클 메인(1929~2006)은 우리의 경이감을 확장하도록 도와주는 신학자와 시인 같은 인물들이 중요하다고 강조한 사람 중 한 명이다. 그는 독자들에게 "소맷자락을 살짝 잡아당기며 지금 저 풍경과 이 여정이 어떤지 둘러보라고 권하는 사람들 말에 오롯이 귀를 기울이십시오. 특히, 경건하고 전염성이 높은 경이감을 간직한 사람들의 말을 주의 깊게 들으십시오"[2]라고 충고한다.

메인의 충고를 진지하게 받아들여야 한다. 나는 처음 신학 공부를 시작하고 일 년 뒤, 신학자가 되는 것이 지적으로 얼마나 흥분되는 일인지를 묘사한 카를 바르트의 글을 읽고 무척 기뻤던 기억이 난다. 에버하르트 부쉬가 쓴 바르트의 전기가 영어로 번역되어 막 출간되었을 때였다. 바르트는 1934년 4월에 파리에서 강연하면서 자신의 신학관을 제시했는데, 부쉬가 쓴 전기에 그 내용이 실려 있었다.

모든 학문을 통틀어 신학은 가장 공정한 학문이다. 머리와 마음을 가장 잘 움직이는 학문이자, 인간의 현실에 가장 가까이 다가가는 학문이고, 모든 학문이 추구하는 진리에 대해 가장 명쾌한 관점을 제공하는 학문이다. 움브리아와 토스카나의 풍경처럼 멀어도 선명하게 보이는 풍경이다.[3]

여느 훌륭한 신학자들과 마찬가지로, 바르트는 다른 이들도 자기처럼 발견하기를 바라며 자기가 발견한 것을 가리키는 이정표 역할을 했다. 바르트는 "내 소맷자락을 살짝 잡아당겼고", 자기가 본 신학의 풍경이 어떠했고 자기에게 그 여정이 어떤

'느낌'으로 다가왔는지 내게 보여주었다. 바르트는 지력과 상상력을 발휘할 여지가 많은 신학에 경이로움을 느꼈고, '경이의 논리'가 신학자의 작업을 전적으로 지배해야 한다는 바람을 드러냈다. 나는 그런 바르트에게 공감했고, 이 점은 지금도 변함이 없다.

바르트는 신학을 다채로운 풍경에 빗댔는데, 이 은유는 신학의 여러 특징을 조사하면 세계를 보는 시야가 넓어진다는 점을 이해하는 데 도움이 된다. 헨리 밀러 역시 《마루시의 거상The Colossus of Maroussi》(1941)이라는 책에서 제2차 세계대전 직전에 그리스 야생 풍경을 탐험했던 경험이 어떻게 자신의 '거짓되고 한정된 삶'에 이의를 제기하고, 이 세계와 그 속에서 살아가는 자신의 위치를 새롭게 인식하는 길을 열어주었는지 서정적으로 서술했다. "그리스의 빛이 내 눈을 열고 내 모공을 뚫고 들어와 내 온 존재를 확장시켰다."[4] 과거와 현재의 동료 여행자들과 어울리며 그들의 지혜를 흡수하면서 새로운 신앙의 풍경을 탐험할 때 내게도 그런 일이 일어났다.

신학은 우리 머리와 마음과 상상력을 끌어들인다. 이 세계와 우리 삶을 이해하도록 도와준다. 신학은 인간의 행복과 안녕에 관한 중요한 질문들을 탐구하고, 우리가 새로운 방식으로 현실을 '볼' 수 있게 해준다. 신학은 중심 서사 안으로 들어가 이 원대한 이야기 속에서 우리의 위치를 찾는 것이다. 이 이야기는 우리가 지어낸 이야기가 아니라 우리보다 앞서 살았던 사람들,

경험과 성찰로 우리의 시야를 넓혀줄 수 있는 사람들과 함께 발견한 이야기다.

경이가 왜 중요한가

경이는 이 세계를 다층적으로 이해하는 길로 통하는 관문을 만든다. 그리고 이 세계가 우리가 아는 것보다 훨씬 더 깊이가 있다는 사실을 깨닫고 계속 관심을 가지고 보게 한다. 많은 사람이 자신의 이해를 초월하는 거대한 무언가, 자신의 지식의 지평 너머에 있는 무언가를 암시하는 무엇이 존재하는 것 같은 느낌을 받아본 적이 있을 것이다. 거슬러 올라가면, 철학과 종교와 과학 모두 우리의 생각과 마음을 열어서 새로운 영역을 탐험하고 신선한 질문을 던지게 했던 경이로운 경험에서 출발했다.

밤하늘의 장엄한 정적 속에서 압도적인 경외감을 느꼈던 경험이나 바다에 사는 다양한 생명체를 보고 깜짝 놀랐던 경험 덕분에 과학자가 되었다고 말하는 이들이 있다. 1960년대 초반에 내게도 비슷한 일이 일어났다. 당시 나는 망원경을 통해 거대한 목성 주위를 천천히 회전하는 위성들을 며칠 밤에 걸쳐 관찰했다. 흐릿한 빛 조각들이 보였고, 나는 그것들이 우리 은하보다 훨씬 더 멀리 떨어져 있는 은하임을 알고 있었다. 그리고 내가 내던져진 이 놀라운 우주 구조에 더 깊숙이 들어가 더 알고 싶어졌다. 그래서 과학자가 되겠다고 결심했다.

화학과 학부 1학년 때 알베르트 아인슈타인을 공부하면서 이 세계를 이해하는 양자 이론의 놀라운 능력에 눈을 떴다. 아인슈타인은 우주를 지배하는 자연법칙을 확인할 수 있다는 사실에 '황홀한 놀라움'[5]을 느꼈다고 말했다. 그러나 아인슈타인은 우리가 우주의 광대함을 결코 완전히 인지할 수 없다는 점도 분명히 밝혔다. 우리가 관찰할 수 있는 작은 것은 우리 능력으로는 파악할 수 없는, 보이지 않는 훨씬 더 큰 현실을 가리킨다.

아인슈타인은 우리가 앞서 언급했던 요점을 강조한다. 우주에 대한 경이감이 우주를 연구하고 더 깊이 이해하고 싶은 갈망으로 이어진다는 점 말이다. 이는 마치 경이로움 혹은 놀라움이 사고의 폭을 넓혀서 상황을 이해하는 더 심오한 방식을 받아들이게 만드는 것과 같다. 대커 켈트너(1962~) 같은 심리학자들은 경외감이나 경이감을 느끼는 경험이 우리에게 유익하다고 말한다. 이런 경험은 선입견에서 벗어나 다양한 대상에 관심을 쏟게 하고, 우리가 우리 자신보다 훨씬 거대한 무언가의 일부라는 사실을 깨닫게 도와주고, 다른 이들에게 더 관대해지게 만든다.[6] 경이감은 단순한 이론들의 제한 효과[매스컴의 제한 효과 이론에서 나온 말로, 흔히 무언가(대중 매체 등)의 영향이 강력하다고 생각하지만, 사실은 기존 태도, 가치, 신념 등을 강화하는 식으로 그 효과가 지극히 제한적이라는 점을 지적하는 용어—옮긴이]를 깨닫게 하여 새로운 지적 가능성을 열어준다.

신학도 마찬가지다. 나는 아직 접하지 못한 거대한 현실을 가리키는 듯 보이는 경이감과 예배에 자극받아 지적 여정을 시작한 신학자들을 알고 있다. 하나님의 아름다움 또는 기독교의 지적 풍요로움에 눈을 뜨면, 하나님과 기독교 신앙을 더 잘 이해하고 싶어진다. 하나님을 향한 원초적 갈망은 하나님을 더 이해하고픈 열망을 포함하여 일련의 열망을 연쇄적으로 촉발한다. 이는 신학 공부를 시작하는 중요한 동기가 된다!

11세기 캔터베리 대주교 안셀무스는 이 점을 깔끔하게 표현한 관용구를 만들었다. '이해를 추구하는 신앙fides quaerens intellectum'이 그것이다. 더 깊이 들어가서 믿는 바를 이해하고 싶어 하는 것이 신앙의 본질이다. 하나님을 아는 것은 하나님에 관해 더 알고 싶은 갈망, 머리를 쓰고 상상력을 발휘해 하나님을 보는 시야를 넓히고 싶은 갈망으로 이어진다. C. S. 루이스의 표현을 빌리자면, 우리는 기독교 풍경 속으로 "더 높이, 더 깊이"[7] 가고 싶어 한다.

그러나 경이와 신학의 관계는 생각하는 것보다 더 복잡하다. 기존의 사고방식이 과연 적절한지 의문을 제기한다는 점에서 종교적 경이감 체험이 지적 변화를 촉발한다고 생각하는 이들이 많은 것은 분명한 사실이다. 실제로 경이감이 현실을 보는 시야를 넓혀줄 수 있다. 그런데 또 이렇게 넓어진 시야는 거꾸로 경이감을 이해하고 경이감의 중요성을 상기하는 데 도움이 되므로, 결과적으로 시간이 지나도 경이감을 계속 유지하게 도와준다. T. S. 엘리엇은 우리가 경험은 해도 그 의미를 이해하지는 못한다는 점을 지적한 많은 이들 중 하나다. 신학은 우리가 경험하는 일의 의미를 이해할 수 있는 틀을 제공한다. 예를 들어, C. S. 루이스는 성취를 갈망하는 인간의 경험이 '우리의 가장 깊은 갈망을 유일하게 충족시키실 수 있는 하나님을 향한 인간의 기본적인 욕구에 대한 직관적 깨달음'이라고 해석한다.

주의: 자연을 하나님의 피조물로 보고 존중하기

현대 서구 문화의 '멋진 신세계'를 고찰하면서 올더스 헉슬리(1894~1963)는 인간에게 "산만함에 대한 거의 무한한 욕구"[8]가 있다고 말했다. 그래서인지 영성 작가 토머스 머튼(1915~1968)은 하나님이 "우리를 찾아서" "우리를 소유하실" 수 있도록 "조용함과 질서정연함"을 통해 우리를 둘러싼 세상의 굴레에서 해방되는 법을 찾는 데 다시 집중해야 한다고 말했다.[9] 프랑스 영성철학자 시몬 베유는 하나님에게 주의를 집중하는 능력을 기르는 것과 관련하여 가장 깊은 통찰을 보여준 사람 중 하나다. 이 점에서 우리는 그에게 큰 빚을 지고 있다.

베유의 작품 중 가장 유명한 《신을 기다리며Attente de Dieu》(1950)의 영역본은 일반적으로 'Waiting for God'으로 번역되어 왔다. 그러나 프랑스어 제목을 그대로 살리려면 'Attentiveness towards God(하나님을 향해 주의를 집중함)'으로 번역하는 편이 낫다. 진리를 잘 받아들일 수 있도록 마음을 여는 것, 이것이 베유가 이 책에서 관심을 쏟는 주제다. "주의는 생각을 멈추는 것, 그리고 초연하게 머릿속을 비운 상태로 대상에 침투당할 채비를 하는 것으로 이루어진다."[10] 이는 받아들일 준비가 되어 있는 상태, 진리가 강림하길 기대하는 상태, 가치 있으면서 삶을 풍성하게 하고 변화시킬 수 있는 무언가를 만나게 될 거라는 기대감으로 벅찬 상태다.

주의注意에 관해 베유가 하는 이야기는 대부분 실용적이지 않다. 애초에 자기 계발에 도움이 될 비법들을 전수할 생각이 없어 보인다. 베유는 주의를 도덕적 의무, 나아가 신학적 의무로 인식해야 한다고 본다. 하나님에게 주의를 집중한다는 것은 우리의 허무와 자급자족할 수 없는 우리의 무능을 인정한다는 뜻이다. 우리는 소망과 기대감을 품고 하나님을 바라본다. 하나님은 우리가 의미와 진리를 탐구할 수 있게 해주시는 분이자 이 탐구의 목표이시기 때문이다.

그럼, 이제 관념적인 신학 고찰처럼 보이는 이야기에서 눈을 돌려, 창조론이라는 신학적 렌즈가 보여주는 자연의 아름다움에 관해 이야기해보자. 오래전부터 사람들은 창조 세계가 창조주를 가리키는 지침指針이자 하나님의 본성을 눈으로 볼 수 있고 손으로 만질 수 있게 표현한 것이라고 인식해왔다. 7세기 비잔티움 신학자 막시모스Maximus the Confessor(c.580~662)는 신학과 자연 관조觀照의 상호작용에 관해 잘 알고 있었다.

그리하여 교회 안으로, 평화로운 안식처로 달아나듯, 영혼은 지적
관조를 위해 자연으로 달아난다. … 그리고 그곳에서 마치 성경
을 읽을 때처럼 사물의 본질적 의미를 인식하는 법을 배운다.[11]

중세 신학자 보나벤투라Bonaventure of Bagnoregio(1221~1274)
는 아시시의 프란체스코의 전통을 따라 창조 질서를 "하나님을
비추는 거울 또는 거룩한 발자국처럼, 우리가 우리 창조주를 사
랑하고 찬양하도록 인도하는 하나님의 자기 계시 수단"으로 여
겼다.[12] 그리스도인들은 보통 하나님의 아름다움과 영광을 적
어도 어느 정도는 파악할 수 있게 도와주리라는 믿음과 기대를
품고 자연계의 광대함과 복잡함에 주의를 기울인다.

보나벤투라가 인내하고 존중하고 절제하며 자연에 주의를
기울이는 태도를 칭찬했다면, 헨리 밀러는 이를 더 깔끔하게 표
현했다. "무엇에든 세심히 주의를 기울이는 순간, 그저 풀 한 포
기에 불과할지라도 그것은 신비롭고 경탄할 만하고 형언할 수
없을 만큼 장엄한 세계가 된다."[13] 영국 시인 토머스 트러헌은
신학적으로 주의를 기울여 자연계를 읽는 가장 훌륭한 예를 제
시한다.[14] 트러헌은 밀러처럼 자연계의 복잡함에 주의를 기울
이라고 당부하면서도, 자연의 다양성과 복잡성을 표면적으로
읽어내는 데서 멈추지 말고 명명백백한 신학과의 연관성에 주

목하라고 이야기한다.

모래가 어떻게 하나님의 지혜와 능력을 드러내는지 알기 전에
는 이 세계를 제대로 즐길 수 없다. 표면상의 가시적 아름다움
이나 당신이 받는 물적 서비스보다 훨씬 더 큰 일, 당신 영혼에
하나님의 영광과 선하심을 드러내 보임으로써 자연이 당신 몸
에 해주는 모든 일을 소중히 여겨라.[15]

트러헌을 비롯해 신학에 정통한 제라드 맨리 홉킨스 같은 시
인들이 지적한 대로, 자연의 아름다움이나 자연계가 인간의 안
락과 생존을 위해 제공할 수 있는 혜택을 인식하는 것만으로는
충분하지 않다. 우리는 자연을 표면적으로 읽어내는 수준을 넘
어서, 하나님을 가리키고 인간의 상황을 조명하는 일련의 표지
로 보고 자연을 연구해야 한다. 신학은 그러한 표지들을 해석할
열쇠를 우리에게 제공한다.
이와 관련하여 마이클 메인이 한 말이 특히 흥미롭다. 그는
스위스 알프스의 멋진 풍경 속에서 한 달간 살면서 자연의 존
재에 경이로움을 느꼈다고 썼다.

내 주제는 경이로움이고, 내 출발점은 너무 명백한 나머지 눈
에 띄지 않는다. 탁자에 앉아 이 세계를 바라보는 이는 나다. 내
가 존재한다는 것, 모든 것이 존재한다는 것, 그것은 사실이다.

놀라운 것은 **주어진 것**이다. 산과 낙엽송, 용담초, 어치가 **존재한다**는 사실. **나를** 부른 누군가가 그것들을 관찰하기 위해 여기 있다는 사실이 놀랍다.[16]

메인은 개개 인간의 놀라운 현실을 숙고하는데, 신학 지식을 바탕으로 자연계에 주의를 기울임으로써 자연계의 세부와 깊이를 분별해내는 본보기를 보여준다. 제대로 활용하기만 하면 신학은 자연계에 투영된 하나님을 보게 해준다. 그러면 우리는 삶에서 정말 중요한 것이 무엇인지 이해하게 된다.[17]

무언가를 보는 방식이 그것에 가치를 매기는 방식을 결정한다. 신학은 자연을 보는 렌즈를 우리에게 제공하여, 자연을 착취의 대상이 아니라 보호하라고 맡기신 하나님의 창조물로 보게 해준다. 일단 자연 질서를 이렇게 인식하고 나면, 우리는 창조물을 돌보아야 할 윤리적 의무를 깨닫는다. 단순히 인류의 미래를 보장하기 위해서가 아니라 자연에 대한 책임이 우리에게 있기 때문이다.

믿음의 지적 매력

이 장 앞부분에서 나는 대커 켈트너의 연구를 바탕으로 인간의 삶에서 경이와 경외의 중요성을 살펴보았다. 켈트너는 이른바

경외감을 '이끌어내는 것들'을 확인하면서 하나님에 대한 경험, 웅장한 경치, "거대 이론의 너비와 범위"가 여기에 포함될 수 있다는 증거를 지적했다.[18] 내가 직접 발견한 바와 같이, 그런 '거대 이론'(사회를 구성하는 요소 가운데 일상생활이나 인간관계와 같은 미시적 요인이 아니라 사회 구조, 역사, 체계, 제도와 같은 거시적 요인을 중심으로 사회과학적 현상을 설명하려는 이론—옮긴이)이나 '큰 그림'의 개념적 포용력은 우리를 끌어당겨 그것을 탐구하게 하고, 일단 우리가 그것을 받아들이고 나면 우리를 계속해서 거기에 붙잡아둔다.

우리는 기독교 신학의 범위 안에서 이 경이감을 경험할 필요가 있다. 나는 카를 바르트의 책을 읽으면서 이것을 배웠다. 바르트 외에도 G. K. 체스터턴, C. S. 루이스, 도로시 세이어즈 등 우리를 도울 수 있는 이들이 있다. 옥스퍼드대학교에서 신학을 강의할 때 나는 그리스도께서 요약하신 첫 번째 계명을 숙고하곤 했다. "네 마음을 다하고, 네 목숨을 다하고, 네 뜻을 다하고, 네 힘을 다하여, 너의 하나님이신 주님을 사랑하여라"(막 12:30). 우리가 가진 모든 능력은 하나님을 사랑하는 과정, 그리고 이 만남과 경험을 통해 변화되는 과정에 동원된다. 은혜로 말미암아 시야가 넓어져 하나님의 광대한 실재를 더 많이 받아들일 수 있게 됨에 따라 이 변화는 인간의 마음(롬 12:2)에까지 확장된다.

앞서 언급했듯이 1960년대 후반에 성장기를 보낸 여느 10대들처럼, 나는 마르크시즘의 지적 비전에 나도 모르게 끌렸다. 거기에는 몇 가지 이유가 있었다. 우선 마르크시즘은 나를 역사의 옳은 편에 서게 했다. 적어도 그때는 그렇게 생각했다. 마르크시즘은 당시 내가 동경했던 사회적·정치적 목표를 제시했다. 그렇다고 단절된 사상들을 이것저것 그러모은 잡동사니는 아니었다. 마르크시즘은 원대한 비전 안에 이런 사상들을 하나로 통합하는 통일성 있는 세계관을 제시했다. 일단 이 큰 그림 안에 발을 디디면, 구체적인 가치와 목표는 자연스럽게 따라왔다.

안토니오 그람시(1891~1937)는 내가 가장 흠모했던 마르크스주의 사상가다. 지금도 가끔 그람시의 책을 읽는데, 그는 마르크스주의가 제시하는 사회적·정치적 의제 때문에 마르크스주의에 끌렸던 사람들과 마르크스주의의 지적 매력 때문에 마르크스주의에 끌렸던 사람들을 구분했다. 그람시는 마르크스주의가 지식인들과 접촉할 기회를 잃고 소련 공산당에 대한 충성으로 수렴되는 단순한 정치 운동이 될 위험이 있다고 보았다.[19]

그람시는 마르크스주의의 신념과 가치가 마르크스주의의 '거대 이론'에 기초하고 그것에 의해 지탱된다고 보았다. 많은 사람이 이 현실관을 받아들인 이유는 지적으로 설득력이 있고 상상력 면에서 흥미진진하다고 생각했기 때문이다. 내가 그 매력을 직접 경험한 사람이다![20] 더 중요한 점은 나는 이제 같은 이유로 기독교에 끌렸던 사람들을 많이 알고 있다는 것이다. 기독교라는 거대 이론을 명료하게 표현하여 매우 선명한 지적·

상상적 비전을 보고 이해할 수 있게 하는 것이 신학의 역할 중 하나다. 신학은 우리가 마음을 다하여 하나님을 사랑하도록 돕는 것을 목표로 삼는다.

그런데 그람시는 신학적으로 중요한 또 다른 점을 지적한다. '지식인'의 범주가 학계를 넘어 훨씬 광범위하게 확장된다는 점이다. 그람시는 마르크시즘 사상을 이해하고 해석하여 자신의 정치적·사회적 상황에 적용할 수 있는 더 광범위한 사회 구조에 묻혀 있는 개인들을 지적한다. 정치인, 저널리스트, 노동조합원, 소작농 모두 마르크스주의 노선에 따라 대중의 생각을 빚어가고, 마르크스주의 사상을 해석하여 더 광범위한 사회에 적용하는 중요한 역할을 했다. 그람시는 이들을 '유기적 지식인'이라 불렀다. 이들은 마르크스주의의 비전을 파악하여 이를 자신들의 지역 상황에 적용할 줄 알았다.[21]

그람시의 용어를 빌리자면, 초기 기독교 작가들은 복음을 해석해서 회중들에게 적용할 방법을 알고 있었다는 점에서 '유기적 신학자들'이었다. 그들은 신앙 공동체 안에서, '위'에서도 아니고 '밖'에서도 아니고, 공동체 안에서 글을 쓰고 성찰했다. 대학이 부상하면서 학술적인 성격의 신학이 새로 만들어졌는지는 모르지만, 그렇다고 해서 기독교 역사 초기의 특징이었던 '유기적 신학'의 중요성은 어떤 면에서도 줄어들지 않았다. 이 이름으로 널리 알려지지는 않았을지라도, '유기적 신학'은 오늘날까지 이어지고 있고, 여전히 중요하고 영향력이 있다.

교구 성직자들은 설교를 통해 유기적 신학자의 역할을 담당하여 회중들이 정체성과 의미를 지킬 수 있게 돕는다. 기독교 사상을 해석하고 그것을 독자들에게 적합한 언어로 표현할 줄 아는 G. K. 체스터턴, 도로시 세이어즈, 메릴린 로빈슨 같은 인기 있는 기독교 저자들도 마찬가지다. 신학적인 질문을 주로 다루는 많은 기독교 웹사이트와 블로그도 이 범주에 속한다. '유기적 신학자들'은 문화적 대안 서사에 맞서 기독교의 정체성을 유지하고 공동체 안에서 신앙에 대한 확신을 지키는 데 신학이 얼마나 중요한지 명확히 설명할 줄 안다.

'유기적 지식인'에 관한 그람시의 견해는 신학의 중요성을 절대로 훼손하지 않는다. 오히려 신학이 적용되는 범위를 늘리고, 지역 상황에 맞게 신학을 실행하고 번역해나가라고 장려한다. '학술적' 신학자와 '유기적' 신학자 사이에 긴장감을 조성하지도 않는다. 대신에 활동하는 영역과 필요한 기술이 다르다는 점을 인식한다. 내가 보기에는 세계 여러 곳에서 기독교 공동체의 미래를 열 열쇠를 '유기적 신학자들'이 쥐고 있다. 그들에게는 학술적 신학자들의 격려와 자원이 필요하다. 그들이 없다면 기독교는 미래의 불확실성에 맞서는 데 꼭 필요한 회복력과 깊이가 없는 단조롭고 지루한 목회적·영적 관습으로 영락하고 말 것이다.

학술적 지식인이든 '유기적' 지식인이든, 우리에게는 지식인이 필요하다. 교회 안에서, 그리고 더 넓은 문화 속에서 무엇이 잘못되었고 무엇을 행해야 하는지 정확히 이야기하는 예언자 역할을 감당할 지식인 말이다. 바이마르 공화국 말년에 사회학자 카를 만하임은 "이 세계에 대한 해석을 제공할 특별한 임무"를 띠고 "칠흑 같은 밤이 되지 않게 파수꾼 역할을 할" 새로운 유형의 사람이 등장했다고 주장했다. 만하임은 이른바 "세계 선결 조건"의 관점에서 예언자처럼 우리 세계를 해석하고 비판하는 것, 그것이 지식인의 본분이자 의무라고 보았다.[22] 이런 예언자 역할을 하는 지식인 중 일부는 W. H. 오든, 도로시 세이어즈와 같은 그리스도인이었다. 기독교 신학 전통에 깊숙이 발을 담근 덕분에 그들은 세계를 있는 그대로 보고 개혁과 쇄신을 요구할 수 있었다.

하나님에 관해 말하기: 신비를 보존하다

'신비mystery'라는 용어는 인간의 이성으로 완전히 파악할 수 없는 것을 가리키는 말로 널리 쓰인다. 알베르트 아인슈타인은 종교의 핵심에 '신비 체험'이 놓여 있듯이 '신비한 것들'을 감지하는 감각이 진정한 예술과 과학의 원천이라고 주장했다. "내가 자연에서 보는 것은 우리가 불완전하게만 파악할 수 있는 장엄한 구조다."[23] "인간의 지성이 우주의 조화를 깊이 이해하지 못한다"[24]는 점은 광대하고 복잡한 우주 현실에 관한 충분한 설명을 기대할 수 없다는 뜻이라고 아인슈타인은 주장했다. 이와 유사하게 이론물리학자 베르너 하이젠베르크(1901~1976)는 과학적 사고는 "항상 바닥이 안 보이는 심연 위를 맴돌"기에 "언어로 표현할 수 없는 생각 뒤에 숨은 불가해한 어둠"을 받아들이는 법을 배워야 했노라고 말했다.[25]

신학자들 또한 '신비'라는 용어를 사용한다. 그러나 이 신비는 비이성적인 무언가를 가리키는 것이 아니라, 인간의 이성이 완전히 파악할 수 있는 범위를 감질나게 벗어난 무언가를 가리킨다. 우리의 정신은 '영광'이라는 신학적 개념으로 훌륭하게 표현된 하나님의 광대하심을 감당할 만큼 크지 않다. 하나님은 우리의 지력智力을 그야말로 압도하신다.

프란체스코회 신학자 토머스 웨이넌디(1946~)는 다음과 같이 멋지게 표현했다. "절대로 완전히 헤아릴 수 없는 하나님이 모든 신학 탐구의 중심에 계시므로, 본질상 신학은 문제를 해결하는 작업이 아니라 신비를 분별하는 작업이다."[26] 위험한 점은 우리가 머릿속이 복잡해지는 불편을 감수하면서 이 원대한 현실을 받아들이기 위해 지적 시야를 확장하려고 애쓰는 대신, 모든 것을 인간 정신이 감당할 수 있는 것으로 환원하려 한다는 점이다.

어떤 의미에서 신학의 목표는 하나님에 관한 논의를 멈춤으로써가 아니라, 이러한 논의가 하나님의 영광을 제대로 다루길 기대할 수 없음을 인식함으로써 하나님의 신비를 보존하는 것이다. 문제는 우리가 이해할 수 있는 것에만 집중하면서 나머지는 중요한 것이 아니길 바라거나, 이 원대한 비전을 우리 정신이 수용할 수 있는 것으로 환원하고 싶은 유혹을 느낀다는 점이다. 두 가지 전략 모두 현실을 왜곡하고 망가뜨리고 호도한다. 따라서 신학은 그 중간 지점에 서서 이런 긴장 속에서 살아가는 법을 배워야 한다. 그러므로 신학은 신비를 합리적으로 완벽하게 설명할 수 없다는 점을 깨닫는 동시에, 신비를 이성적으로 이해하려고 노력한다!

기독교 신학은 이 딜레마를 오래전부터 인식해왔다. 4세기에 라틴어를 사용하던 가장 중요한 신학자 두 명 중 한 명[다른 한 명은 밀라노의 주교 암브로시우스(c.339~397)이다]으로 널리 알려진 푸아티에의 주교 힐라리우스(c.310~c.367)는 이렇게 말했다. "너무 위대해서 말로 다 표현할 수 없는 생각을 표현하려면, 안간힘을 써서 빈약한 언어 자원을 쥐어짜야 한다."[27] 토마스 아퀴나스가 깨달았듯이 우리의 언어는 하나님의 영광과 위엄을 묘사해야 하는 부담을 차마 견디지 못한다.

1273년 12월 6일, 아퀴나스는 어마어마한 대작 《신학대전 Summa Theologiae》의 집필을 갑자기 중단했다. 비서였던 피페르노의 레지날드가 당황해서 이유를 물었다. 아퀴나스는 개념적으로 해설할 수 없는 하나님에 관한 비전에 압도당했다고 대답했다. "내가 보고 내게 계시된 것들에 비하면, 내가 쓴 모든 것은 한낱 겨palea와 같습니다."[28] 아퀴나스가 집필한 신학 저술이 잘못된 게 아니었다. 다만, 그는 자기 글솜씨로는 하나님을 제대로 해설할 수 없다는 사실을 처절히 깨닫고 펜을 내려놓은 것이다.

기독교 신학은 신비 개념을 문제로 보지 않는다. 왜 문제가 아니냐고? 신비 개념은 하나님의 상상적 광대하심과 영적 무궁무진하심을 가리키기 때문이다. 하나님에 관해서는 올바로 이해해야 할 게 늘 더 있다. 이런 이유로 가장 훌륭한 신학은 자연스럽게 기도와 예배로 이어진다. 이 하나님의 영광을 일별할 때 우리는 자기 능력으로는 결코 표현할 길이 없는 영광에 압도당했던 아퀴나스의 기분을 아마도 조금은 공감하게 될지 모른다.

실패할 수밖에 없는 확실성에 관한 탐구
: 토마시 할리크, 믿음과 신비를 연구하다

최근 몇 년 사이에 내가 가장 존경하게 된 신학자 중 한 명이 토마시 할리크(1948~)다. 그는 동유럽 전역에서 공산주의가 붕괴한 뒤, 특히 1989년에 프라하에서 '벨벳 혁명'이 일어난 뒤, 쾌활하고 상냥하게 기독교를 대변하는 신학자로 자리매김했다. 할리크는 마르크스주의자들이 지배하던 내내 지하 가톨릭 단체에서 활동했고, 혁명 이후에는 체코 교회에 신학적 방향을 제시하는 중요한 역할을 했다.

할리크에 따르면, 세속 문화와 기독교회 내 많은 사람이 명석해 보이는 해결책과 그릇된 확실성에 현혹되었다. 그는 믿음을 틀림없는 확실성으로 보지 않고, "여정, 추구하는 길, 깊은 의미로 향하는 길"로 보았다.[29] 기독교의 하나님은 '순례하시는 하나님'이다. 우리의 지적 체계와 전통으로는 개념상 정확히 포착할 수 없는 분이다. 오히려 우리가 불확실성을 통과할 때 의미를 창조하는 살아 계신 존재로 발견되시는 분이다. 그래서 할리크가 "하나님이라 불리는 신비"[30] 속으로 우리를 이끄는 것이 믿음이라고 강조한 것이다.

할리크는 무신론자와 종교적 근본주의자, 그리고 피상적이고 손쉬운 신앙에 열광하는 사람들이 지나칠 정도로 자신만만하게 단언하는 주장에 비판적이다. 그들 모두 "우리가 하나님이라고 부르는 신비를 거칠게 다룬다"[31]고 할리크는 말한다. 신비는 무궁무진하다. 설사 이전 세대가 어렵게 얻은 신학적 통찰을 우리에게 전수할 수 있다고 해도 어떤 세대도 완전히 파악할 수 없다. 관념과 전통의 테두리 안에 살아 계신 하나님을 가두는 '하나님이나 복음에 대한 과거의 제한적인 개념'에서 벗어나 우리를 어리둥절하게 만드는 미지의 풍경 속을 하나님과 함께 걸을 때 우리는 비로소 신비를 조금 이해할 수 있게 된다.

할리크에 따르면, 과거의 위대한 신학 저술가들과 영성 작가들은 예전에 신뢰할 수 있었던 확실성이 더는 유효하지 않을 수 있는, 쉽게 가늠할 수도 예측할 수도 없는 미래에 옛 질서가 자리를 내주는 듯한 불확실성과 변화에 직면했음을 어느 순간 깨달았다. 그들은 이 새로운 난국에 대처할 수 있다는 사실을 하나님이 증명하시리라는 직관적 믿음이 확고했기에 계속 나아갈 수 있었다. 이것이 "모든 신학의 첫 문장과 끝 문장"은 "하나님은 신비이시다"가 되어야 하는 이유라고 할리크는 말한다.[32]

요약하자면, 신앙은 하나님에 관한 제한적이고 합리적인 설명에 동의하는 것이 아니라, 새로운 상황과 도전에 직면했음을 깨닫고 하나님의 광대하심과 무궁무진하심이 그 길을 따라 드러나고 경험되는 탐험의 여정에 헌신하는 것이다. 이 무궁무진한 신비가 성경에 어떻게 나타나 있고, 성경 본문을 숙고해온 기독교의 오랜 역사가 새로운 질문을 탐구하고 새로운 상황에 대처하는 데 어떻게 도움이 될 수 있는지를 밝히는 것이 신학의 과제다. 하나님은 무궁무진하시므로 어떤 신학자도, 어떤 신학자 세대도 하나님의 경이로움을 완전히 파악하리라고 기대할 수 없다. 발견하고 경험할 것이 늘 더 있다.

삼위일체: 신비와 씨름하기

신학을 비판하는 사람들은 삼위일체 교리를 두고 신학자들이 횡설수설하는 소리에 불과하다면서, 교회는 삼위일체 교리 없이도 잘 지낼 수 있다고 말한다. 논리적으로도 수학적으로 말이

안 되는 그런 헛소리를 누가 진지하게 받아들일 수 있단 말인가? 삼위일체 교리는 신약성경의 단순한 언어에 사변적 복잡성을 부과한 것에 불과하다. 이해할 수 없을 뿐 아니라, 그리스도인들에게 지적 당혹감을 안겨주는 것 말고는 하는 일이 없다. 신약성경에서 쓰는 간단한 어휘만 쓸 수는 없는 것인가?

그러나 당황스럽겠지만, 신약성경에서 하나님에 관해 이야기할 때 쓰는 '단순한' 언어를 자세히 들여다보면 보기보다 훨씬 더 복잡하다는 사실이 드러난다. 신약성경의 서신서들은 하나님과 그리스도와 성령의 정체성과 기능이 얽히고설켜 있음을 보여준다. 신학 고찰은 신약성경을 복잡하게 만들지 않는다. 오히려 그것을 보존하고 가능한 한 확실하게 표현하는 것을 목표로 삼는다. 힐라리우스가 지적한 대로, 신약성경의 어휘를 넘어서는 일도 이 과정에 포함되기는 한다. 힐라리우스에 따르면 우리가 믿는 바를 제대로 이해하고 세간의 오해에 맞서 이를 변증하려면, "하나님이 미리 밝히신 바를 넘어서서 하나님에 관해 이야기할"[33] 필요가 있다. 교회가 쓰는 삼위일체라는 표현이 신약성경에 명시되어 있지는 않다. 하지만 그리스도인들은 하나님의 본성과 활동에 관한 풍부하고 함축적인 설명을 논리적으로 표현하려면 이를 발전시킬 필요가 있다고 보았다.

삼위일체 교리가 기독교 신학계에서 다시 신뢰를 얻은 것은 20세기에 활동한 두 신학자 덕분이라는 견해가 널리 받아들여지고 있다. 바로 스위스 개신교 신학자 카를 바르트와 독일 가톨릭 신학자 카를 라너다. 예를 들어, 바르트는 삼위일체 교리가 기독교 하나님의 정체성과 성품에 대해 다채롭고 영광스러운 관점을 제시하기 위해 신약성경을 "번역하고 해석하려는" 기독교회의 정당하고 필요한 시도라고 주장한다.[34]

그러나 대다수 그리스도인이 삼위일체 교리를 긍정적으로 보지 않고 부정적으로 본다는 점은 명백한 사실이다. 이 교리를 하나님을 이해하는 관점으로 받아들이지 않고 이성의 문제로 받아들이는 것이다. 삼위일체를 설교하러 나온 성직자들은 돌연 물의 삼중점三重點에 매료된 아마추어 물리학자가 된다. 삼중점이란 고체, 액체, 기체 3상相이 모두 평형을 이루어 공존하는 특정 온도와 압력을 말한다. 그리스도인들이 삼위일체 교리를 기독교 신론神論의 중심으로 여긴 이유를 이해하는 일과 이것이 대체 무슨 관련이 있을까? (자연계에도 '셋이 하나'인 예가 존재한다는 점을 보여주는 것 외에는 아무 관련이 없다.) 설교자들이 이렇게 안이한 허튼소리나 해대면, 이런 설교를 받아먹은 그리스도인들은 신앙 안에서 성장하기가 어렵다. 그보다는 삼위일체 교리가 감싸고 표현하는 하나님이 어떤 분이시고 어떤 일을 하시는지 장엄한 비전을 제시하여 회중이 이 비전을 이해할 수 있게 하는 것이 설교자의 임무다.

이 복잡한 교리가 왜 타당한지 계속 살펴보자. 우선 삼위일체 교리는 기독교 고유의 신관神觀을 보호하여 지적 근거도 빈약하고 상상력도 부족한 이원론 같은 경쟁 이론들과 혼동하거나 거기로 환원하지 않도록 막아준다. 이원론은 하나님을 창조물에 관심도 없고 염려도 하지 않는 부재不在 창조주, 바꿔 말하면 이 세계를 창조하기는 했으나 태엽을 감아놓고 혼자 돌아가게 놔두는 우주의 시계공으로 묘사한다.

카를 바르트와 조금 복잡한 관계에 있었던 스위스 개신교 신학자 에밀 브루너는 삼위일체 교리가 본디 '변증 교리 Schutzlehre'라고 주장한다.[35] 기독교의 신관이 이교도나 이상주의자의 신관으로 환원되지 않도록 보호하고자 고안한 교리라는 말이다. 삼위일체 교리는 설교해야 할 주제가 아니라, 그 안에서 진정한 기독교 설교가 이루어질 수 있도록 하나의 틀을 제공한다.

노터데임대학교에 기반을 둔 미국 가톨릭 신학자 캐서린 모리 라쿠냐도 카를 라너의 작품을 중심으로 삼위일체 교리를 설명하면서 비슷한 지적을 했다. 라쿠냐에 따르면, 하나님의 신비에 관한 모든 학습은 지적으로나 관계적으로 하나님을 '올바로' 이해할 수 있도록 지적·문화적 맥락에서 흡수했던 선입관념과 선결 관념을 고의로 잊는 학습 해소學習解消의 문제다. 삼위일체 교리는 하나님에 관해 이야기하는 기독교 특유의 방식으로, "예수 그리스도를 통해 성령 안에서 하나님의 생명에 참여한다는 것이 무엇을 의미하는지 요약해준다."[36]

라쿠냐는 많은 설교자가 이 교리가 불러오는 영적 유익을 끌어내지 못하고 있다고 지적한다.

삼위일체 교리의 목적은 하나님이 하나님이신 이유와 하나님
이 하나님이신 방식을 규명하는 것이 아니라, 창조 세계와 그리
스도, 그리고 성령 안에서 서로 교통하심 가운데 계시된 "하나
님의 선하심을 맛보아 알라"고 우리를 일깨우는 것이다.[37]

라쿠냐는 삼위일체 교리가 객관적 폭발력과 주관적 폭발력
을 모두 갖추고 있다고 보았다. 이 교리는 우리가 하나님과의
관계 속에서, 그리고 그 관계를 통해서 하나님의 영광을 이해하
고 하나님의 선하심을 경험하게 해준다. 아우구스티누스도 비
슷한 지적을 한 바 있다. "그 무엇도 자기 형상대로 우리를 창조
하신 삼위일체 하나님을 즐거워하는 충만한 행복을 넘어설 수
없다."[38]

삼위일체 하나님에 대한 이 비전을 표현한 또 다른 예는 찬
송가 〈로리카Lorica〉에서 찾을 수 있다. 아일랜드 수호성인 패트
릭이 쓴 것으로 알려진 이 곡은 〈성 패트릭의 갑옷〉이라는 제목
으로 더 유명하다. 다운패트릭Downpatrick('패트릭의 요새'를 뜻하
는 게일어 'Dún Pádraig'의 영어식 명칭)에 있는 패트릭의 무덤 옆
에 지은 대성당에서 세례를 받은 까닭에 내게는 이 접근법이
특별히 친근하게 느껴진다. 이 찬송을 통해 패트릭은 하나님의
창조 사역과 구원 사역을 살피고, 이 하나님의 '강한 이름'이 신
자들을 감싸고 보호하시니 믿을 수 있다고 단언한다.

이 찬송 시는 생사가 위태롭고 불확실한 상황에서 당신의 능

력을 보여달라고 하나님께 요청하기 전에 자연의 광대함과 세세한 그리스도의 구원 사역을 찬양하며 경이감을 불러일으킨다. 삼위일체는 위험하고 의심스러운 시기에 신뢰할 수 있는 '강한 하나님'을 가리키는 이름이다. 패트릭은 삼위일체를 그럴 듯한 신학적 추측이 아니라, 하나님의 본성과 존재를 오롯이 표현하려는 시도라 여긴다. 특히, 이 강력한 신관이 삶의 난관에 미치는 영향을 설명하려는 시도라 본다.

이런 사상은 신학과 예배와 기도의 연관성을 분명히 가리킨다. 따라서 우리는 이 부분을 더 탐구할 필요가 있다.

영광에 대한 경험: 신학, 예배, 영성

지식의 역사를 연구하는 이들은 인간의 지식을 전문 영역으로 해체해서 조각내는 흐름을 우려한다. 예를 들면, 아이작 뉴턴이 그냥 '자연철학'으로 알고 있던 학문이 물리학, 화학, 생물학, 천문학, 그 밖의 수많은 과학 분야로 나뉘었고, 그렇게 단절된 각각은 매우 전문화되어 상호 간에 대화나 협력이 거의 이루어지지 않는다.[39]

그런데 이런 일이 신학에도 일어났다고 생각하는 이들이 많다.[40] 오늘날의 학문 분야로 따지면, 아우구스티누스는 변증가이자 실천신학자였고, 종교철학자이자 조직신학자였으며 신약학자였다. 그러나 아우구스티누스는 자신을 그냥 신학자로 여겼다. 온 마음을 다해 사랑하는 하나님을 이해하는 여러 관점을 매끄럽게 엮어내는 신학자였다.

지금은 신학과 영성을 별개의 학문 영역과 실천 영역으로 간주하는 게 보통이다. 그러나 예로부터 대다수 기독교 저자들은 신학과 영성을 구별하는 쪽이 유용할 수는 있으나 그 둘이 의미상 확실히 분리되지는 않는다고 보았다. 기독교 신학자들은 언제나 신학과 영성의 온전함을 깨뜨리지 않고는 그 둘을 분리할 수 없다고 믿었다. 예를 들어, 영국과 북아메리카에서 발흥한 청교도주의는 교리와 경건의 긴요하고 매끄러운 관계를 인식한 운동으로, 오늘날에도 비슷한 방식으로 교리와 경건의 관계를 구축하길 원하는 사람들에게 틀을 제공한다.[41]

프린스턴대학교의 신학자 엘런 체리는 현대에는 '진리'를 진실과 개인적 변화를 추구하는 관점에서 이해하기보다는 이 세계를 지배할 수 있게 해주는 정보 획득 개념으로 생각하는 경향이 있다고 주장한다. "진리를 안다는 것은 더 이상 진리를 사랑하고 진리를 원하고 진리에 의해 변화된다는 뜻이 아니다. 이제 진리는 그것을 아는 자를 하나님께 데려다주지 않고, 오히려 정보를 이용하여 자연을 정복하기 때문이다."[42] 체리에 따르면 신학은 그리스도인이 신앙의 가치와 규범을 실행에 옮기도록 돕는 훈련과 습관, 즉 영적 실천에 영향을 끼치는 명쾌하고 압도적인 신관神觀으로서 진리관眞理觀을 내포한다. 하나님의 영광을 경험하면 삶을 바라보는 관점이 생기고, 우리가 사건의 중심에 있다는 자만심을 버리게 된다.

더 최근에 이에 관한 신학 논의를 이끈 사람은 올바른 사고방식을 발견하는 것이 아니라 적절한 '삶의 방식manière de vivre'을 개발하는 것이 고대 그리스 철학이라고 주장한 피에르 아도(1922~2010)다.[43] 아도는 올바른 삶의 방식을 개발하는 이 일이 자연과 올바른 삶에 대한 이해를 강화하는 훈련을 바탕으로 이루어졌다고 말한다. 따라서 철학은 그런 사고방식을 삶으로 옮기는 데 필요한 개인 발달 과정을 돕는 것을 목표로 삼는다. 앞에서 언급했듯이 일부 관찰자들은 초기 기독교를 '철학'으로 여겼다. 추상적인 관념들의 조합이라는 의미에서가 아니라, 지혜와 진실을 얻는 길이라는 의미에서 말이다. 이 세계에 관해 숙고하는 훈련을 하다 보면, 인간의 안녕에 도움이 되는 관행과 규율이 발달하게 마련이다.

이 점을 지적한 사람이 케임브리지대학교 신학자 새라 코클리(1951~)다. 그는 신학 지식에 바탕을 둔 영성 훈련askēsis을 개발하는 일이 중요하다고 말한다. 이런 훈련 또는 연습은 신학적 원리를 구현할 뿐 아니라 이를 삶에 적용하는 데도 도움이 된다. 예를 들어, 코클리는 '침묵 기도'가 상황을 통제해야 한다는 생각을 포기하게 만드는 방식에 주목한다. 침묵 기도는 '취약성'이라는 개념을 재해석하게 하고, 하나님과 신비롭게 연합하길 소망하며 자아와 욕망 중심의 사고방식에서 벗어나게 한다.

'권력과 취약성의 역설'은 기도하면서 조용히 하나님을 기다리는 행위에 초점이 맞춰져 있다고 나는 믿는다. 하나님이 들어주셔야 할 안건을 우리가 정하는 일을 중단하고, 하나님이 하나님되실 '공간을 만들' 때 비로소 우리에게 적절한 '권한이 부여될' 수 있기 때문이다.[44]

코클리뿐 아니라 다른 신학자들도 신학과 영성 사이에 자연스럽고 본질적인 관계가 있다고 분명하게 말한다. 복음주의 신학자 제임스 패커는 신학과 영성을 가리켜 각각 '하나님에 관해 아는 것'과 '하나님을 아는 것'이라 칭했고,[45] 루이스는 '지적 동의'와 '상상의 즐거움'이라고 칭했다.[46] 이 둘을 구분할 수는 있다. 하지만 둘을 분리할 수는 없다.

이것이 왜 중요할까? 그 이유는 이것이 신학과 신앙생활은 불가분의 관계라는 이 얇은 책의 중심 주제를 강화하기 때문이다. 신학은 그리스도인의 삶을 감싸고, 그 삶이 어떠해야 하는지 알려주고, 그 삶의 기초와 목표를 세운다. 또한 신학은 우리가 더 나은 사람이 되려고 노력할 때 하나님이 우리를 홀로 두지 않으시고, 이 길을 걷는 내내 우리와 동행하시며 우리를 새롭게 하신다고 우리를 안심시킨다.

7장

결론: 신학을 중요하게 만들기

신학이 다 무슨 소용인가? 이 얇은 책에서 나는 전적으로 적절하고 합리적인 이 질문에 대한 몇 가지 대답을 간략히 제시했다. 그러나 아마도 가장 중요한 건 바로 이것일 것이다. "'기독교'는 중요하다. 기독교의 정수를 보존하고 표현하고 전달하는 것이 신학의 목표다. 따라서 신학은 중요하다." 기독교가 '값진' 진주 (마 13:45~46)와 같다면, 신학은 그 진주가 무엇이 특별한지, 어떻게 하면 찾을 수 있는지, 그 진주를 찾아서 소유하면 삶이 어떻게 달라지는지를 말로 표현하여 그 진주를 설명하려고 애쓴다. 신약성경의 서신서나 초기 기독교 저자들의 설교를 읽으면서 그리스도 안에서, 그리스도를 통해서 무언가 새롭고 신나고 변혁적인 일이 일어나 우리 자신과 이 세계를 새롭고 만족스럽게 이해할 눈이 열리는 느낌을 못 받을 수는 없다.

신학은 신자들이 신앙 안에서 성장하고 번영할 수 있도록, 그리고 믿지 않는 자들이 기독교가 무엇인지 감을 잡을 수 있도록, 이 새로운 세계를 상상하고 묘사하고 분석하려는 기독교 공동체의 시도다. 교회는 자기 손에 맡겨진 보물, 교회의 정체성과 생존이 달린 그 보물을 묘사할 적절한 표현을 찾고자 항상 고심해왔다. 이것이 신학이 등장한 이유다. 값진 진주를 묘사하고 전달하고 권할 가장 좋은 방법을 찾고자 신학이 등장했다. 이는 원칙에 근거하고 상상력 풍부한, 절대적으로 필요한 시도였다.

신학이 없으면 기독교는 무너져 제도적 껍데기만 남는다. 신학은 값진 진주의 특별한 점을 보존하고, 그 아름다움을 내보이고, 그 중요성을 설명하는 것을 목표로 삼는다. 맞다. 교회에는 회중을 관리하고, 효과적으로 소통하고, 최신 기술을 적절히 활용하는 법에 관한 지침이 필요하다. 하지만 다른 데서는 '말할' 수도 없고 '보여줄' 수도 없는 무언가를 갖는 것의 중요성에 비하면, 이것들은 부차적이고 부수적인 문제다. 좋든 싫든, 신학은 교회의 삶과 존재가 걸린 '정체성을 부여하는' 비전을 보존하고, 그 비전을 설명하고 권하는 데 필요한 검증된 도구를 제공한다.

그래서 지금 모든 그리스도인이 신학을 공부해야 한다고 말하는 것인가? 아니다. 사실은 더 급진적인 이야기를 하려고 한다. 자신의 신앙에 대해 생각하고 말한다는 점에서 모든 그리스도인은 이미 신학자다. 우리 모두 어딘가 이상하고 쓸데없는 취미를 가지고 있다는 말이 아니다. 우리에게는 우리보다 앞서 이 길을 걸었던 사람들과 함께 우리가 믿는 바에 관하여 더 깊이 생각할 용기가 있다는 말이다.

맞다, 시대는 변한다. 그러나 과거의 지혜를 새롭게 활용할 수 있다. 소랍 아마리의 《끊어지지 않은 실The Unbroken Thread》(2021)을 읽으면서 우리는 현재를 풍요롭게 하고 안정시킬 수 있는 옛 지혜의 잠재력을 엿보는 동시에, 이 시대의 정치·문화 현안에 빛을 비춰줄 수 있는 아우구스티누스, 아퀴나스, C. S. 루이스 같은 저자들의 잠재력을 깨닫는다.[1] 아마리는 기술 관료 중심의 현대 사회가 제공할 수 있는 것보다 더 깊이 있는 무언가에 뿌리를 두는 게 중요하다고 지적한다. 또한 갖가지 현대 종교가 보여주는 천박함과 피상성을 피하려면 이 지혜의 전통에 깊이 잠겨야 한다는 점을 보여줌으로써 우리가 신학 교육의 중요성을 이해하게 도와준다.

신학 교육에 관하여

그렇다면 이런 고찰이 신학 교육, 특히 필요한 소양을 갖추도록 미래의 목사들을 잘 양성하는 일과 관련하여 시사하는 바는 무엇일까? 그리스도인들이 무엇을 믿고 왜 믿는지를 설명하는 것만으로는 충분하지 않다. 기독교 교리를 옆에서 살펴보기보다는 그것을 '통하여 보고'(조지 허버트), 그것과 '더불어 보아야'(C. S. 루이스) 한다. 신학은 우리 자신과 이 세계를 새로운 시각으로 보고 그 시각에 따라 살아갈 수 있는 창을 우리에게 제공한다. 윌리엄 제임스는 종교적 믿음이 어떻게 "새 하늘이 새 땅을 비추듯" "자연의 얼굴이 바뀌는" 변화를 일으키는지 이야기한다.[2]

신학 교육은 부분적으로 사람들이 신학을 활용하도록 돕고, 신학의 렌즈를 통해 변화된 세상과 삶을 볼 수 있게 돕는 것이다. 우리는 한 세대에서 다음 세대로 지혜를 전수하면서 신학과 신앙생활을 연결하는 방법을 평생 연구해온 사람들에게 그 방법을 배워야 한다. 이 지혜는 단순히 아우구스티누스나 아퀴나스, 바르트 같은 신학자들을 이해하는 것을 의미하지 않는다. 그 신학자들에게 배우는 것을 의미한다.

앞에서(169쪽) 나는 고전 철학에서 이론과 실천이 서로 연관됨을 지적한 피에르 아도의 말을 언급한 바 있다. 우리가 이 세계에 관해 무언가를 믿으면, 그 믿음을 표현하는 동시에 믿음이 더 깊어지게 도울 수 있는 실천법을 개발하게 마련이다. 그런데 신학 교육은 신학과 예배와 영성을 하나로 연결하지 못할 때가 너무 많다. 그래서 종교 생활과 무관하고 동떨어진 부분으로 취급되기 일쑤다. 그러나 예배, 경건생활의 성경 읽기, 기도는 단순히 자연스럽고 적절한 믿음의 표현이 아니고, 신자 개개인의 삶에서 믿음을 유지하고 깊어지게 만드는 수단이다.[3]

교회는 그리스도인들이 신앙의 기초를 이해할 수 있도록, 한동안 잃어버렸던 교리 교육 기술을 회복해야 한다. 교리 문답 암기 학습을 다시 하자는 이야기가 아니다. 오히려, 그리스도인이 무엇을 믿는지만 설명할 것이 아니라, 이것이 우리가 생각하고 살아가는 방식을 어떻게 바꾸는지 설명해야 한다는 말이다.

신학과 신앙생활

나는 앞서 그 유명한 존 맥케이의 발코니와 길 비유를 인용하면서, 그리스도인들이 직면하는 어려운 질문과 상황에 대처하는 법을 개발하고 이것을 뒤따르는 이들에게 전수할 때 최고의 신학이 구축된다고 말한 바 있다. 아우구스티누스는 천 년에 걸쳐 기존 질서의 틀을 세운 로마 제국이 사방에서 산산조각 나기 시작한 5세기 초에 기독교 신앙의 지적·도덕적·정치적·영적 비전을 명료하게 표현해냈다. 생각이 깊은 다른 실천가들처럼 아우구스티누스는 다채로운 기독교의 큰 그림과 자신의 상황을 연결할 줄 알았다.

제임스 스미스가《아우구스티누스와 함께 떠나는 여정On the Road with Saint Augustine》(2019)에서 똑똑히 보여주었듯이, 아우구스티누스는 오늘날 우리에게 자극이 되는 여행 동반자로서 신앙생활 중에 만나는 여러 굴곡과 딜레마에 빛을 비춰준다.[4] 스미스는 새로운 상황 또는 문제를 이해하고자 존경하는 옛 현자와 맞붙어 싸우는 비판적 복원가의 자세로 아우구스티누스를 연구한다. 특정 시간과 장소에 파묻힌 한 사상가를 바라보고, 그에게서 통찰과 지혜를 캐내어 오늘날 신앙생활에 적용하는 것이다. 스미스는 단순히 무엇에 대하여 배울 수 있는지가 아니라 무엇으로부터 배울 수 있는지를 아우구스티누스에게 묻는다. 이로써 아우구스티누스는 역사가들이나 관심을 두는 잊힌 과거 속 서먹한 인물이 아니라, 동시대의 멘토로 등장한다. 그리고 다행히 아우구스티누스 외에도 우리가 지혜를 얻을 수 있는 이들이 많이 있다.

그런 질문을 던지고 그런 접근법을 택했다고 해서 스미스가 아우구스티누스를 왜곡한 것은 아니다. 나는 신학의 과거와 현재의 위대한 인물들에게 배울 수 있는 것은 무엇이든 배우는 것이 최고의 신학이라고 감히 말할 수 있다. 기독교 신앙을 어떻게 생각해야 하는지뿐만 아니라, 이 세계에서 믿음을 어떻게 실천하며 살아야 하는지도 배워야 한다.[5] 내 신앙을 다른 사람들에게 설명하고, 혼란스럽고 위태로운 이 세계에서 희망을 잃지 않고, 하나님이 우리에게 맡기신 창조 질서와 하나님을 향한 내 사랑이 더 깊어지는 데 이 신학자의 글을 읽는 것이 어떻게 도움이 되는지 물어야 한다.

신학은 발코니가 아니라 길 위에 있다. 우리는 우리보다 먼저 그 길을 걷고, 그 길에서 얻은 지혜를 물려주는 사람들에게 배울 수 있다. 그러나 우리를 위해 그 지혜를 풀어주고, 자신의 삶 속에서 그 지혜를 실천하고, 어떻게 실천했으며 실천을 통해 어떤 유익을 얻었는지 설명할 수 있는 사람들도 우리에게는 필요하다. 따라서 신학 교육은 정보를 전달하는 것이 아니라, 신학 기술을 성찰하며 실천하는 사람들을 양성해서 지혜를 구축하는 것이라 할 수 있다.

옥스퍼드대학교에서 신학 공부를 시작했을 때 핵심 질문은 어떤 이들의 사상, 예를 들면 중세 신학자 안셀무스의 사상을 어떻게 이해할 수 있는가, 하는 것이었다. 요즘 내가 궁금해하는 질문은 따로 있다. 기독교적으로 살고 생각하는 법에 관하여 그 신학자들은 내게 무엇을 가르쳐줄 수 있을까? 그냥 그 질문들에 관해 배우고 싶은 것이 아니다. 나는 그 사람들에게 배우고 싶다. 그들은 선생이고 나는 학생이다. 지금 우리는 안셀무스를 생각할 때 그가 남긴 신학 저작과 그가 했던 기도와 묵상 둘 다를 떠올린다.[6] 안셀무스는 이 둘 사이에서 어떠한 단절도 보지 못했다. 우리도 그래야 한다. 설교가 매우 중요한 이유가 여기에 있다. 설교는 기독교 신앙 한가운데 있는 핵심 비전을 지역 신앙 공동체의 관심사, 필요, 소망과 연결하려는 시도다. 설교자들은 이 풍부한 전통을 해석하는 사람들로서 설교를 듣는 회중이 신앙생활을 계속해나갈 수 있도록 이 둘을 연결해야 한다.

신학이 다 무슨 소용이냐고?

그래서 신학이 무슨 소용이 있냐고? 세 가지를 이야기하고 이를 간략히 살펴보는 것으로 글을 맺으려 한다. 신학은 교회 밖에 있는 사람들에게 기독교가 무엇인지 설명한다. 신학은 기독교 신자 개개인의 믿음과 이해가 더 깊어지게 해준다. 신학은 교회가 처음 존재하게 된 현실관을 통해 끊임없이 새로워지고 갱신하고 도전할 수 있게 한다.

첫째, 그리스도인들이 무엇을 믿는지, 왜 그러한 사상이 옳다고 믿는지, 그러한 사상이 어떤 변화를 불러일으키는지 설명하는 것을 목표로 삼는다는 점에서 신학에는 공적 기능이 있다. 이와 관련하여 신학은 기독교 시, 미술, 문학에 숨겨진 비전을 밝히는 데 도움이 되는 정보를 제공한다. 일반 청중이 기독교 사상에 동의할 거라고 기대하지는 않는다. 하지만 신앙 공동체가 자신의 신념을 설명하면, 일반 청중도 이를 진지하게 받아들일 거라는 기대는 있다.

이는 문화적 특권 의식에 물든 불합리한 주장이 아니다. 우리는 다른 이들의 의견에 귀를 기울이고, 이해하기 위해 최선을 다하고, 고의로 와전하지 않아야 한다는 일반 원칙을 이야기하는 것뿐이다. 경계를 넘나드는 대화가 매우 중요한 이유가 여기에 있다. 대중에 널리 퍼진 오해와 와전된 말들의 실체를 밝히는 데 특히 중요하다. 신무신론을 주창하는 논객들의 저술에 넘

처나는 상투적인 문구들은 사실 똑똑하고 박식한 무신론자들까지 당황하게 만든다.[7]

둘째, 신학은 기독교가 가능하게 만드는 현실관에 더 깊이 발을 담그려는 신자 개개인의 신앙생활에 중요하다. 복음에 대한 인식이 넓어지도록 촉진하는 방법은 여러 가지가 있다. 신앙의 핵심 주제들을 숙고한 신학자들의 저작을 읽을 때도 그런 일이 일어난다. (이 책 전반에 걸쳐 그런 저자들을 대표할 만한 인물들을 언급한 바 있다.) 기독교 신앙의 관점에서 상황을 바라보고 유용한 방식으로 사고하게 해주는, 깊이 있는 설교를 들을 때도 그런 일이 일어난다. 유능한 해설자와 함께 성경을 읽을 때도 그런 일이 일어난다.

앞에서 말한 요점을 다시 강조하자면, 신학적 접근은 개인의 신앙을 좀먹지 않는다. 오히려 다른 사람들과 대화하면서 온 마음을 다해 하나님을 사랑하는 법을 배움으로써 신앙이 더 풍요로워질 수 있다. 신학은 기독교 일반을 더 폭넓게 이해하게 해준다. 예를 들면, 교회를 동아리로 생각하지 않고, 하나님의 은혜가 역사하고 믿음과 경건 가운데 성장하도록 돕는 공동체로 보게 해준다.

셋째, 신학은 제도로서 교회의 미래에 꼭 필요하다. 신학은 교회가 존재하게 만든 영적·상상적 비전을 분명히 표현할 뿐 아니라, 교회가 계속 존재하는 궁극적인 이유이기도 하다. 신학은 우리가 거룩, 아름다움, 영광을 발견하는 신앙의 풍경을 지도처럼 정확히 묘사한다. 값진 진주(마 13:45~46)가 얼마나 어여쁜지는 말로 다 표현할 길이 없다. 하지만 신학은 우리가 다 이해할 수는 없는 방식으로 우리를 끌어당기는 깊이 있고 변혁적인 어떤 존재 앞에서 우리가 경험하는 경이와 놀람을 포착해 낸다. 아름다움은 갈망을 끌어낸다. 그냥 보기만 하는 것을 넘어서 그 아름다움에 참여하고픈 갈망이 생기게 한다.

오래전부터 기독교 영성 작가들이 지적했듯이, 우리는 기독교 현실관에 그냥 끌리는 것이 아니다. 이 현실관이 가장 심오한 질문에 답해주고 가장 깊은 갈망을 충족시켜줄 수 있음을 알아채서 끌리는 것이다. 기독교 현실관 안에 일단 발을 디디면, 우리는 복잡한 세계를 하나로 엮고, 새로운 가능성을 드러내 우리를 흥분하게 만들고, 우리가 하나님에게 중요하다는 사실을 확인시켜주는 이 비전의 능력을 깨닫는다. 이런 이유로 좋은 신학은 변증, 영성, 전도, 사회 참여, 목회 돌봄으로 이어진다. 이런 신학적 비전에 대한 감각이 없는 사람들이 교회 지도자가 되면, 그 교회가 교인들에게 해줄 수 있는 말은 시시하고 따분한 영적·도덕적 충고뿐이다.

그래서 신학이 무슨 소용이 있냐고? 나는 신학이 무엇이고, 왜 중요하고, 왜 그렇게 만족스러운지 내 생각을 이야기하기 전에 이 질문에 정답이 없을 수도 있다는 말로 이 얇은 책을 시작했다. 그러나 여기에는 다른 접근법들도 있다. 어쩌면 그 접근법들은 신학이 무엇이고, 신학을 어떻게 해야 하고, 신학이 삶에 어떤 변화를 일으키는지 여러분 스스로 이해하기 위해 탐구하고 싶어질게 만들지도 모른다. 또한 다른 신학자들이 나보다 더 나은 대답과 대안을 제시할 수도 있다. 하지만 신학이 쓸모가 있다는 점에는 우리 모두 동의한다. 신학은 사라지지 않을 것이다.

더 읽을 책

이 책이 신학 교재는 아니지만, 이 책에 자극을 받아 신학에 대해 더 알고 싶어졌거나 이 책에서 내가 언급한 몇몇 저자들의 저서를 읽고 싶은 마음이 생긴 이들도 있으리라 생각한다. 다행히 신학 주제들과 신학자 개개인에 관한 엄청난 양의 유용한 자료를 온라인에서 찾을 수 있다. 여기에서는 종이책 가운데서 도움이 될 만한 자료를 몇 가지 추천하려 한다.

혹시 이 책이 흥미로웠다면, 내가 쓴 다른 책 두 권도 좋아할 것 같다. 전 세계 대학과 신학교, 종합대학에서 기독교 신학을 가르칠 때 쓰고 있는 책이다. 두 권 다 1980년대와 1990년대에 내가 옥스퍼드대학교에서 했던 강의를 기반으로 집필한 책이고, 지난 30년 동안 내용을 계속 업데이트하고 확장했다.

Alister E. McGrath, *Christian Theology: An Introduction* 6th edn (Oxford: Wiley-Blackwell, 2016).《신학이란 무엇인가》전면 개정 제6판, 김기철 옮김 (복있는사람, 2020).

Alister E. McGrath, *Theology: The Basics* 4th edn (Oxford: Wiley-Blackwell, 2016).《기독교 기초신학》제3판, 박태수 옮김 (기독교문서선교회, 2016).

첫 번째 책은 두껍고 포괄적이고, 두 번째 책은 그보다 얇아서 읽기 쉽다. 하지만 두 권 다 일반 독자라도 이해하기 쉽게 썼다.

원전 문헌을 연구하면, 다른 신학자들이 택한 접근법과 그들이 전개하는 사상을 염두에 두고 읽을 수 있어서 도움이 많이 된다. 그래서 원전 문헌집을 두 권 썼다. 각각의 책은 해당 문헌을 소개하고 그 문헌 속으로 여러분을 안내하고, 무엇을 찾아야 하는지 알려준다.

Alister E. McGrath, *The Christian Theology Reader* 5th edn (Oxford: Wiley-Blackwell, 2017). 《신학이란 무엇인가 Reader》 전면개정 제5판, 김기철 옮김 (복있는사람, 2021).

Alister E. McGrath, *Theology: The Basic Readings* 3rd edn (Oxford: Wiley-Blackwell, 2018). 한국어판 미출간.

이 두 권의 교재 역시 일반 독자도 이해하기 쉽게 썼다. 첫 번째 책은 매우 포괄적이고, 두 번째 책은 그보다 얇아서 읽기 쉽다.

신학자로서 내가 걸어온 여정과 내가 특히 흥미롭게 여기는 몇 가지 사상에 관해 더 알고 싶다면, 다음 두 권의 책을 살펴보면 좋을 것이다.

Alister E. McGrath, *My Theology: Return from a Distant Country* (London: Darton, Longman & Todd, 2021). 한국어판 미출간.

Alister E. McGrath, *Through a Glass Darkly: Journeys through*

Science, Faith and Doubt (London: Hodder & Stoughton, 2020).《알리스터 맥그래스의 지성적 회심》, 홍병룡 옮김 (생명의말씀사, 2021).

신학 강의와 고찰을 담은 동영상을 올리는 웹사이트(alistermcgrath. net)도 운영하고 있다. 모든 콘텐츠는 무료이며 복제, 공유, 저장할 수 있다.

신학을 소개하는 내 책에서 도움을 얻을 수도 있지만, 신학의 세계로 멋지게 안내하는 다른 이들의 책도 많이 있다. 다음 책들을 추천한다. 모두 다양한 수준의 신학 교육에서 널리 쓰이는 책이다.

Ellen T. Charry, *By the Renewing of Your Minds: The Pastoral Function of Christian Doctrine* (New York: Oxford University Press, 1997). 한국어판 미출간.

David Ford, *Theology: A Very Short Introduction* 2nd edn (Oxford: Oxford University Press, 2013).《신학이란 무엇인가》, 강혜원 옮김 (동문선, 2003).

David Ford and Rachel Muers eds, *The Modern Theologians: An Introduction to Christian Theology Since 1918* 3rd edn (Oxford: Wiley-Blackwell, 2005). 데이비드 F. 포드, 레이첼 무어스,《현대신학자 연구》, 김남국 외 공역 (기독교문서선교회, 2022).

Wayne Grudem, *Systematic Theology: An Introduction to Biblical*

Doctrine 2nd edn (Grand Rapids, MI: Zondervan, 1994).《웨인 그루뎀의 조직신학 상·중·하》, 노진준 옮김 (은성, 2009).

Mark A. McIntosh, *Divine Teaching: An Introduction to Christian Theology* (Malden, MA: Blackwell, 2008). 한국어판 미출간.

Daniel L. Migliore, *Faith Seeking Understanding: An Introduction to Christian Theology* 2nd edn (Grand Rapids, MI: Eerdmans, 2004).《기독교 조직신학 개론》 개정 3판, 신옥수·백충현 옮김 (새물결플러스, 2016).

Roger E. Olson, *The Journey of Modern Theology: From Reconstruction to Deconstruction* (Downers Grove, IL: InterVarsity Press, 2014).《현대 신학이란 무엇인가》, 김의식 옮김 (IVP, 2021).

Miroslav Volf and Matthew Croasmun, *For the Life of the World: Theology that Makes a Difference* (Grand Rapids, MI: Brazos Press, 2019). 미로슬라브 볼프, 매슈 크로스문,《세상에 생명을 주는 신학》, 백지윤 옮김 (IVP, 2020).

숙고할 질문들

학습 문제를 활용하면 독서 효과를 최대한 끌어올릴 수 있다고 생각하는 이들이 많다. 다음 질문들은 이 책에서 제시한 접근법을 숙고하고 여러분만의 접근법을 개발하는 데 두루 도움이 될 것이다.

1장 신학의 발견: 새로운 방식으로 보기

1. 같은 상황을 어떻게 새로운 방식으로 볼 수 있는가? 무엇이 달라지는가?
2. 우리 주변 세상을 '자연'으로 보는 것과 '창조물'로 보는 것은 어떤 차이가 있는가?
3. C. S. 루이스의 '가정' 실험이 얼마나 도움이 되었는가?

2장 '큰 그림'으로서의 신학

1. 기독교를 '큰 그림'으로 생각하면 무엇이 달라지는가?
2. 그리스도의 정체성에 관한 도로시 세이어즈의 주장을 당신의 말로 요약해보라. 이 주장이 중요한 이유는 무엇인가?
3. 신앙의 풍경을 탐험한다는 생각이 당신에게 얼마나 도움이 되었는가?

3장 신학에 대한 다섯 가지 비판

1. 내가 이번 장에서 주목한 신학에 대한 다섯 가지 비판을 당신의 말로 요약해보라. 그중 당신이 품고 있던 우려와 가장 가까운 것은 무엇인가?

2. 기독교 신앙 바깥에 있는 사람은 신학의 어떤 점을 가치 있게 여기리라고 보는가?

3. 왜 그렇게 많은 그리스도인이 신학을 공부하길 주저한다고 생각하는가? 어떤 말로 그들을 안심시킬 수 있을까?

4장 지혜: 믿음의 깊이 발견하기

1. '세 개의 세계'에 관한 칼 포퍼의 사상을 당신의 말로 설명해보라. 신학을 활용할 방법을 생각하는 데 이 사상이 도움이 되는가?

2. 신약성경이 구원을 이야기하는 방식을 생각해봄으로써 우리는 무엇을 배울 수 있는가?

3. 불확실성과 의심에 대처하는 데 신학은 어떤 도움이 되는가?

5장 안녕: 가치와 의미 분별하기

1. 사람들에게 '의미'가 중요한 이유는 무엇인가?

2. 삶의 의미에 관한 질문들을 생각하는 데 신학이 어떤 도움이 되는가? 성육신 교리에 초점을 맞춰 답해보라.

3. 많은 사람에게 '마음의 갈망'이라는 개념이 그렇게 중요한 이유는 무엇인가? 이 갈망의 목표와 갈망을 충족시키는 방식을 확인

하는 데 신학이 어떻게 도움이 되는가?

6장 경이: 삶을 보는 시야 넓히기

1. 대다수 사람은 '신비'를 일종의 퍼즐처럼 생각한다. 신학이 '신비'라는 용어를 사용하는 방식은 이것과 어떻게 다른가?
2. 기독교 예배와 경이 사이에는 어떤 관계가 있는가?
3. 삼위일체 교리는 하나님의 신비를 어떻게 이해하려고 하는가?

7장 결론: 신학을 중요하게 만들기

1. 신학자에 관해 배우는 것과 신학자에게 배우는 것을 구별하는 것이 중요한 이유는 무엇인가?
2. 존 맥케이의 '발코니'와 '길' 비유는 우리가 과거의 신학자들에게 배우는 방법을 생각하는 데 어떤 도움이 되는가?
3. 이 세상을 기독교 방식으로 보는 기술을 어떻게 실천할 수 있는가?

들어가는 말

1. C. S. Lewis, "Is Theology Poetry?", *Essay Collection & Other Short Pieces* (London: HarperCollins, 2000), pp. 10-21. (저자가 인용한 책과 같은 책은 아니지만, 홍성사에서 2019년에 출간한 《영광의 무게》 5장에 "신학은 시詩인가?—신학을 보는 관점"이라는 글이 실려 있으니 참고하라—옮긴이.)

2. Julian Baggini, "The Influential Wrongness of A. J. Ayer", *Prospect*, 12 May 2019.

1장 신학의 발견: 새로운 방식으로 보기

1. Daniel Pekarsky, "Vision and Education", Haim Marantz ed., *Judaism and Education: Essays in Honor of Walter I. Ackerman* (Beer Sheva: Ben-Gurion University of the Negev Press, 1998).

2. Emil Brunner, "Toward a Missionary Theology", *Christian Century* 66, no. 27 (1949), pp. 816-818. 해당 인용문은 816쪽에 나와 있다.

3. Henry Miller, *Big Sur and the Oranges of Hieronymus Bosch* (New York: New Directions, 1957), p. 25.

4. Augustine, *Quaestiones in Heptateuchum*, II, 73: "Multum et solide significatur, ad Vetus Testamentum timorem potius pertinere, sicut ad Novum dilectionem:

quamquam et in Vetere Novum lateat, et in Novo Vetus pateat."

5. 원문은 다음 책을 참조하라. George Herbert, *The Works of George Herbert*, F. E. Hutchinson ed. (Oxford: Clarendon Press, 1945), pp. 184-185. 이 매혹적인 시를 신학적으로 분석한 글은 다음을 참조하라. Alister E. McGrath, "The Famous Stone: The Alchemical Tropes of George Herbert's "The Elixir" in Their Late Renaissance Context", *George Herbert Journal* 42, no. 1 & 2 (Fall 2018/Spring 2019), pp. 114-127.

6. Marilynne Robinson, *Gilead* (New York: Farrar, Straus & Giroux, 2004), p. 245. 《길리아드》, 공경희 옮김 (마로니에북스, 2013).

7. Robert C. Roberts, *Spiritual Emotions: A Psychology of Christian Virtues* (Grand Rapids, MI: Eerdmans, 2007), p. 146. 강조 표시는 원서에 나온 대로다.

8. 특히 다음 책을 참조하라. Alasdair C. MacIntyre, *Whose Justice? Which Rationality?* (Notre Dame, IN: University of Notre Dame Press, 1988), p. 9: "이론상의 합리성이든 실천상의 합리성이든, 합리성은 그 자체로 역사가 있는 개념이다. 사실, 역사와 더불어 탐구 전통도 다양하므로 합리성이 아니라 합리성들이 있다고 해야 할 것이다."

9. Max Weber, *The Protestant Ethic and the Spirit of Capitalism* (London: Allen & Unwin, 1930), p. 181.

10. 에벌린 위가 에드워드 색빌웨스트(Edward Sackville-West)에게 보낸 편지로 다음 책에서 재인용했다. Michael de-la-Noy, *Eddy: The Life of Edward Sackville-West* (London: Bodley Head, 1988), p. 237.

11. 원문은 다음 책에 실린 C. S. 루이스의 편지를 참조하라. C. S. Lewis, Letter to a Fifth Grade Class in Maryland, 24 May 1954; Walter Hooper ed., *The Collected Letters of C. S. Lewis* 3 vols (San Francisco, CA: HarperOne, 2004,6), vol. 3, p. 480. (저자가 인용한 책과 같은 책은 아니지만, 홍성사에서 2012년에 번역 출간한 《루이스가 나니아의 아이들에게》 69-70쪽에 "메릴랜드에 사는 5학년 학생들에게 보낸 편지"가 실려 있으니 참고하라—옮긴이.)

12. 메리 미즐리의 중요성을 평가한 자료는 다음을 참고하라. Alister E. McGrath, "The Owl of Minerva: Reflections on the Theological Significance of Mary

Midgley", *Heythrop Journal* 61, no. 5 (2020), pp. 852-864.

13. Charles Taylor, *Modern Social Imaginaries* (Durham, NC: Duke University Press, 2004), p. 23. 《근대의 사회적 상상》, 이상길 옮김 (이음, 2016).

14. Charles Taylor, *Sources of the Self: The Making of the Modern Identity* (Cambridge, MA: Harvard University Press, 1989), pp. 26-31. 《자아의 원천들》, 권기돈·하주영 옮김 (새물결, 2015).

15. Hermann Hesse, "Die Sehnsucht unserer Zeit nach einer Weltanschauung", *Uhu 2* (1926), pp. 3-14.

16. Thomas Nagel, *The Last Word* (Oxford: Oxford University Press, 1997), p. 130.

17. 다음을 참고하라. Emil Brunner, "The Other Task of Theology" (1929). 나의 소견에 관해서는 다음을 참고하라. Alister E. McGrath, *Emil Brunner: A Reappraisal* (Oxford: Wiley-Blackwell, 2014).

18. Alister E. McGrath, *Iustitia Dei: A History of the Christian Doctrine of Justification* 4th edn (Cambridge: Cambridge University Press, 2020), p. 413. 《하나님의 칭의론》, 한성진 옮김 (기독교문서선교회, 2015).

2장 '큰 그림'으로서의 신학

1. Eugene Wigner, "The Unreasonable Effectiveness of Mathematics", *Communications on Pure and Applied Mathematics* 13 (1960), pp. 1-14.

2. C. S. Lewis, "Is Theology Poetry?", *Essay Collection & Other Short Pieces* (London: HarperCollins, 2000), pp. 12-13. *Essay Collection and Other Short Pieces* by C. S. Lewis copyright © C. S. Lewis Pte Ltd 2000. 저작권자의 허락을 받아 발췌 인용했다. [《영광의 무게》(홍성사, 2019) 5장의 "신학은 시詩인가?: 신학을 보는 관점" 참고—옮긴이.]

3. 이 인용문과 관련 일반 원칙에 관한 논의는 다음을 참고하라. Alister McGrath, *J. I. Packer: His life and Thought* (London: Hodder & Stoughton, 2020), pp. 53-55. 《제임스 패커의 생애》, 신재구 옮김 (기독교문서선교회, 2004). 많은

복음주의 신학자가 논리정연한 성경의 '큰 그림'이라는 이 이미지를 사용한다. 일례로 다음을 참고하라. Vaughan Roberts, *God's Big Picture: Tracing the Storyline of the Bible* (Nottingham: Inter-Varsity Press, 2009; Downers Grove, IL: InterVarsity Press, 2002).《성경의 큰 그림》, 전의우 옮김 (성서유니온선교회, 2020).

4. Cyril of Jerusalem, Catechesis V, 12.

5. Arie Baars, "The Trinity", Herman J. Selderhuis ed., *The Calvin Handbook* (Grand Rapids, MI: Eerdmans, 2009), pp. 245-257.

6. Alexander Bird, "Scientific Realism and Three Problems for Inference to the Best Explanation", Wenceslao J. Gonzalez ed., *New Approaches to Scientific Realism* (Berlin: De Gruyter, 2020), pp. 48-67.

7. John Polkinghorne, *Testing Scripture: A Scientist Explores the Bible* (Grand Rapids, MI: Brazos Press, 2010), p. 1.

8. John Polkinghorne, *Science and the Trinity: The Christian Encounter with Reality* (New Haven, CT: Yale University Press, 2004).

9. 이 문제에 관해서는 다음을 참고하라. Alister E. McGrath, *Reformation Thought: An Introduction* 5th edn (Oxford: Wiley-Blackwell, 2021), pp. 208-216.《종교개혁 사상》, 최재건 옮김 (기독교문서선교회, 2017).

10. C. S. Lewis, "Meditation in a Toolshed", C. S. Lewis, *First and Second Things* (London: Fount, 1985), p. 5. *God in the Dock* by C. S. Lewis copyright © C. S. Lewis Pte Ltd 1970. 저작권자의 허락을 받아 발췌 인용했다.《피고석의 하나님》, 홍종락 옮김 (홍성사, 2020).

11. Karl Rahner, "Chalkedon—Ende oder Anfang?", Alois Grillmeier and Heinrich Bacht eds, *Das Konzil von Chalkedon: Geschichte und Gegenwart* 3 vols (Würzburg: Echter-Verlag, 1979), vol. 3, pp. 3-49.

12. '관대한 정통'에 관한 자세한 논의는 다음을 참고하라. Graham Tomlin and Nathan Eddy eds, *The Bond of Peace: Exploring Generous Orthodoxy* (London: SPCK, 2021).

13. Dorothy L. Sayers, *Creed or Chaos?* (London: Methuen, 1947), p. 28.

14. Sayers, *Creed or Chaos?*, p. 32.

15. Sayers, *Creed or Chaos?*, p. 32.

16. C. S. Lewis, *Mere Christianity* (London: HarperCollins, 2002), pp. 127-128. *Mere Christianity* by C. S. Lewis copyright © C. S. Lewis Pte Ltd 1942, 1943, 1944, 1952. 저작권자의 허락을 받아 발췌 인용했다. 《순전한 기독교》, 장경철 외 옮김 (홍성사, 2005).

17. Albert Einstein, *Ideas and Opinions* (New York: Crown Publishers, 1954), p. 38. 《나는 세상을 어떻게 보는가》, 강승희 옮김 (호메로스, 2021).

18. Alister E. McGrath, "The Owl of Minerva: Reflections on the Theological Significance of Mary Midgley", *Heythrop Journal* 61, no. 5 (2020), pp. 852-864.

19. C. S. Lewis, *Surprised by Joy* (London: HarperCollins, 2002), p. 197. *Surprised by Joy* by C. S. Lewis copyright © C. S. Lewis Pte Ltd 1955. 저작권자의 허락을 받아 발췌 인용했다. 《예기치 못한 기쁨》, 강유나 옮김 (홍성사, 2005).

20. Mary Midgley, *Science and Poetry* (Abingdon: Routledge, 2001), pp. 170-213.

21. 이를 탐구한 문헌으로는 다음을 참조하라. Brenda B. Colijn, *Images of Salvation in the New Testament* (Downers Grove, IL: IVP Academic, 2010).

22. Mary Midgley, "Pluralism: The Many Maps Model", *Philosophy Now* 35 (2002), pp. 10-11.

3장 신학에 대한 다섯 가지 비판

1. Alister E. McGrath, *Dawkins' God: Genes, Memes, and the Meaning of Life* (Oxford: Blackwell, 2004). 이 책 2판은 뒤에 출간된 도킨스의 책 《만들어진 신The God Delusion》 (London: Bantam, 2006)에 대한 평가를 추가하여 2015년에 출간되었다. 《도킨스의 신》, 김지연 옮김 (SFC, 2017).

2. Alister McGrath and Joanna Collicutt McGrath, *The Dawkins Delusion? Atheist Fundamentalism and the Denial of the Divine* (London: SPCK, 2007). 《도킨스의 망상》, 전성민 옮김 (살림, 2008).

3. Terry Eagleton, "Lunging, Flailing, Mispunching: A Review of Richard Dawkins' The God Delusion", *London Review of Books*, 19 October 2006.

4. Richard York and Brett Clark. 2005, "Review Essay: The Science and Humanism of Stephen Jay Gould", *Critical Sociology* 31, nos. 1.2 (2005), pp. 281-295. 다음 자료도 참고하라. Alister E. McGrath, "A 'Consilience of Equal Regard': Stephen Jay Gould on the Relation of Science and Religion", *Zygon: Journal of Religion and Science* 56, no. 3 (2021), pp. 547-565.

5. Neil Postman, "Science and the Story that We Need", *First Things* 69 (1997), pp. 29-32.

6. Denys Turner, "Preface", Herbert McCabe, *Faith Within Reason* (London: Continuum, 2007), p. vii.

7. 1990년 이후 가장 영향력 있는 신학자들에 관해서는 다음을 참조하라. https://academicinfluence.com/people?year-min=1990&discipline=theology, 2022년 1월 접속.

8. 다음 자료를 참조하라. Hans-Georg Gadamer, *Truth and Method* 2nd edn (London: Bloomsbury Academic, 2013), pp. 317-318.《진리와 방법 1, 2》, 이길우, 이선관, 임호일, 한동원 옮김 (문학동네, 2012).

9. 이 설교들에 관해서는 다음을 참조하라. William H. Willimon, *The Early Preaching of Karl Barth: Fourteen Sermons* (Louisville, KY: Westminster John Knox Press, 2009).

10. 물론 후기 작품인 다음 책은 예외다. C. S. Lewis, *Reflections on the Psalms*, (London: Geoffrey Bles, 1958). 루이스는 이 책에서 현대 독자들이 시편 본문을 읽을 때 마주하는 몇 가지 문제(명백하게 가혹한 판결 등)를 다룬다. 일반적으로 루이스는 다른 작가들을 통해 간접적으로 성경을 다루는 경향이 있다.《시편 사색》, 이종태 옮김 (홍성사, 2019).

11. John M. G. Barclay, "Interpretation, Not Repetition: Reflections on Bultmann as a Theological Reader of Paul", *Journal of Theological Interpretation* 9, no. 2 (2015), pp. 201-209. 이 인용문은 205쪽에 나와 있다.

12. Barclay, "Interpretation, Not Repetition", p. 205. 바울 서신에 대한 바클레이의

해석은 이런 접근법을 잘 보여준다. 다음 책을 참고하라. John M. G. Barclay, *Paul and the Gift* (Grand Rapids, MI: Eerdmans, 2015).《바울과 선물》, 송일 옮김 (새물결플러스, 2019).

13. Barclay, "Interpretation, Not Repetition", p. 206.

14. 예를 들어, 로완 윌리엄스가 아우구스티누스의 작품을 해설한 일이나 새라 코 클리가 카파도키아 작가인 니사의 그레고리우스의 사상을 복원한 일을 생각해 보라. 다음을 참조하라. Sarah Coakley ed., *Re-thinking Gregory of Nyssa* (Oxford: Blackwell, 2003); Rowan Williams, *On Augustine* (London: Bloomsbury, 2016). 《다시 읽는 아우구스티누스》, 이민희·김지호 옮김 (도서출판100, 2021).

15. 이런 점들을 탐구한 두 가지 중요한 연구서로는 다음을 참조하라. Edward Farley, *Theologia: The Fragmentation and Unity of Theological Education* (Philadelphia, PA: Fortress Press, 1983).《신학 교육의 개혁》, 윤석인 옮김 (부흥과개혁사, 2020); Joanna Collicutt, *The Psychology of Christian Character Formation* (Norwich: SCM Press, 2015).

4장 지혜: 믿음의 깊이 발견하기

1. Karl R. Popper, "Three Worlds", *Michigan Quarterly Review* 18, no. 1 (1979), pp. 1–23.

2. Popper, "Three Worlds", p. 11.

3. Alfred North Whitehead, *The Aims of Education and Other Essays* (New York: Macmillan, 1929), p. 13.《교육의 목적》, 유재덕 옮김 (소망, 2009).

4. Whitehead, *The Aims of Education*, p. 39.《교육의 목적》, 유재덕 옮김 (소망, 2009).

5. Edward O. Wilson, *Consilience: The Unity of Human Knowledge* (New York: Alfred Knopf, 1998), p. 294.《통섭》, 최재천·장대익 옮김 (사이언스북스, 2005).

6. Augustine, *De Catechizandis Rudibus*, ii, 3.《신앙요리교육론》, 김광채 옮김 (부

주 195

크크, 2022).

7. Augustine, *De Catechizandis Rudibus*, iv, 8; cf. xii, 17.《신앙요리교육론》, 김광채 옮김 (부크크, 2022).

8. Carol Harrison, *The Art of Listening in the Early Church* (Oxford: Oxford University Press, 2013), p. 120.

9. Augustine, *De Catechizandis Rudibus*, v, 9.《신앙요리교육론》, 김광채 옮김 (부크크, 2022).

10. Augustine of Hippo, *Sermo* LXXXVIII, v, 5.

11. Augustine, *De Catechizandis Rudibus*, xvi, 24.《신앙요리교육론》, 김광채 옮김 (부크크, 2022).

12. 이것은 다음 책의 핵심 주제다. Ellen T. Charry, *By the Renewing of Your Minds: The Pastoral Function of Christian Doctrine* (Oxford: Oxford University Press, 1997).

13. Alan Jacobs, *Breaking Bread with the Dead: A Reader's Guide to a More Tranquil Mind* (New York: Penguin, 2020).《고전을 만나는 시간》, 김성환 옮김 (미래의 창, 2022).

14. C. S. Lewis, *An Experiment in Criticism* (Cambridge: Cambridge University Press, 1961), pp. 140-141.《오독》, 홍종락 옮김 (홍성사, 2021).

15. Rowan Williams, *On Augustine* (London: Bloomsbury, 2016) p. 132.《다시 읽는 아우구스티누스》, 이민희·김지호 옮김 (도서출판100, 2021).

16. Simone Weil, *L'enracinement: Prélude à une déclaration des devoirs envers l'être humain* (Paris: Gallimard, 1949), p. 61.《뿌리내림》, 이세진 옮김 (이제이북스, 2013).

17. Mary Midgley, *The Myths We Live By* (London: Routledge, 2004), p. 27.

18. 신학 교재 대다수가 이 비유들을 다룬다. 일례로 다음을 참조하라. Alister E. McGrath, *Christian Theology: An Introduction* (Oxford: Wiley-Blackwell, 2016), pp. 251-275.《신학이란 무엇인가》, 김기철 옮김 (복있는사람, 2020).

19. Thomas F. Martin, "Paul the Patient: *Christus Medicus* and the 'Stimulus Carnis' (2 Cor. 12:7): A Consideration of Augustine's Medicinal Christology",

Augustinian Studies 32, no. 2 (2001), pp. 219-256.

20. 더 자세한 논의는 다음을 참조하라. Joshua Farris and S. Mark Hamilton, "The Logic of Reparative Substitution: Contemporary Restitution Models of Atonement, Divine Justice, and Somatic Death", *Irish Theological Quarterly* 83, no. 1 (2018), pp. 62-77.

21. 더 자세한 논의는 다음에 나오는 자료를 참조하라. Julia Meszaros and Johannes Zachhuber eds, *Sacrifice and Modern Thought* (Oxford: Oxford University Press, 2013).

22. Miroslav Volf, "She Who Truly Loves", *Christian Century* August 26-September 2 1998, p. 797.

23. Rebecca M. Painter, "Further Thoughts on A Prodigal Son Who Cannot Come Home, on Loneliness and Grace: An Interview with Marilynne Robinson", *Christianity and Literature* 58, no. 3 (2009), pp. 485-492. 특히 487-488쪽을 보라.

24. 이에 관한 내 견해는 다음 책을 참조하면 된다. Alister E. McGrath, *Enriching Our Vision of Reality: Theology and the Natural Sciences in Dialogue* (London: SPCK, 2016).

25. Roy Bhaskar, *A Realist Theory of Science* (London: Verso, 2008).

26. Stephen J. Gould, *The Hedgehog, the Fox, and the Magister's Pox: Mending and Minding the Misconceived Gap between Science and the Humanities* (London: Jonathan Cape, 2003), p. 251.

27. Graham Ward, *Unbelievable: Why We Believe and Why We Don't* (London: I. B. Tauris, 2014), pp. 127-128.

28. Bertrand Russell, *A History of Western Philosophy* (London: Allen & Unwin, 1961), p. 14. 《러셀 서양철학사》, 서상복 옮김 (을유문화사, 2020).

29. Jacob Bronowski, *The Ascent of Man: A Personal View* (London: British Broadcasting Corporation, 1973), p. 353. 《인간 등정의 발자취》, 김은국·김현숙 옮김 (바다출판사, 2009).

30. Bronowski, *The Ascent of Man*, p. 367. 《인간 등정의 발자취》, 김은국·김현숙

옮김 (바다출판사, 2009).

31. 이어지는 내용에 대해서는 다음을 보라. John A. Mackay, *A Preface to Christian Theology* (London: Nisbet, 1941), pp. 29-54.

32. Sonnet X, "Huntsman, What Quarry?", Edna St. Vincent Millay, *Collected Sonnets* (New York: Harper Perennial, 1988), p. 140. 저작권자의 허락을 받아 발췌 인용했다.

33. 마르틴 루터의 신학을 연구한 다음 책을 참고하라. Alister E. McGrath, *Luther's Theology of the Cross: Martin Luther's Theological Breakthrough* (Oxford: Blackwell, 1985). 《루터의 십자가 신학》, 김선영 옮김 (컨콜디아사, 2015).

34. Timothy J. Wengert and Robert Kolb, *The Book of Concord: The Confessions of the Evangelical Lutheran Church* (Minneapolis, MN: Augsburg Fortress, 2000), p. 386.

35. 여기에서 인용한 선언에 관해서는 다음을 참조하라. Alister E. McGrath, *Luther's Theology of the Cross* (Oxford: Blackwell, 1985), pp. 148-152. 《루터의 십자가 신학》, 김선영 옮김 (컨콜디아사, 2015).

5장 안녕: 가치와 의미 분별하기

1. www.vatican.va/content/benedict-xvi/en/speeches/2005/august/documents/hf_ben-xvi_spe_20050818_youthcelebration.html, 2022년 1월 접속. 독일의 대표적인 가톨릭 신학자 중 한 명으로 널리 인정받는 요제프 라칭거는 요한 바오로 2세가 사망하자 그의 뒤를 이어 2005년 4월에 교황으로 선출되어 '베네딕토'로 불렸다. 2013년에 교황직에서 물러났다.

2. Miroslav Volf and Matthew Croasmun, *For the Life of the World: Theology that Makes a Difference* (Grand Rapids, MI: Brazos Press, 2019), p. 45. 《세상에 생명을 주는 신학》, 백지윤 옮김 (IVP, 2020). 믿음과 안녕의 관계를 훌륭하게 개관한 책으로는 다음을 참고하라. Andrew Briggs and Michael J. Reiss, *Human Flourishing: Scientific Insight and Spiritual Wisdom in Uncertain Times* (Oxford:

Oxford University Press, 2021).

3. Ellen T. Charry, "On Happiness", *Anglican Theological Review* 86, no. 1 (2004), pp. 19-33. 이 인용문은 19쪽에 나와 있다.

4. 이에 관해 숙고한 내 글은 다음을 참조하라. Alister E. McGrath, "Christianity", Mark Cobb, Christina Puchalski and Bruce Rumbold eds, *The Textbook of Spirituality in Healthcare* (Oxford: Oxford University Press, 2012), pp. 25-30.

5. 명확한 예를 들자면, 세속적 인문주의는 신에 대한 믿음을 비이성적이고 억압적으로 변할 가능성이 있는 것으로 여기고, 기독교는 하나님에 대한 믿음을 합리적이고 해방적인 것으로 여긴다.

6. Charles Taylor, *The Ethics of Authenticity* (Cambridge, MA: Harvard University Press, 1991), p. 29.

7. 이 문제를 다룬 대표적인 연구서인 다음 책을 참고하라. Alasdair C. MacIntyre, *Whose Justice? Which Rationality?* (Notre Dame, IN: University of Notre Dame Press, 1988).

8. Ludwig Wittgenstein, *On Certainty* (Oxford: Blackwell, 1974), p. 336.《확실성에 관하여》, 이영철 옮김 (책세상, 2020).

9. Kathryn Tanner, "Christian Claims: How My Mind Has Changed", *Christian Century* 127, no. 4 (2010), pp. 40-45.

10. Susan R. Wolf, *The Variety of Values: Essays on Morality, Meaning, and Love* (New York: Oxford University Press, 2015), pp. 89-106. 이 질문을 탐구한 울프의 책을 참고하라. Susan R. Wolf, *Meaning in Life and Why It Matters* (Princeton, NJ: Princeton University Press, 2010).《삶이란 무엇인가》, 박세연 옮김 (엘도라도, 2014).

11. Jeanette Winterson, *Why Be Happy When You Could Be Normal?* (London: Vintage, 2012), p. 68.

12. 이에 관한 논의는 다음을 참고하라. Genia Schönbaumsfeld, "'Meaning-Dawning' in Wittgenstein's Notebooks", *British Journal for the History of Philosophy* 26, no. 3 (2018), pp. 540-556.

13. Michael F. Steger, "Meaning in Life", Shane J. Lopez ed., *Oxford Handbook of*

Positive Psychology (Oxford: Oxford University Press, 2009), pp. 679-687. 이 인용문은 682쪽에 나와 있다.

14. 프랭클의 접근법과 그 의미를 잘 설명한 다음 자료를 참고하라. Paul T. P. Wong, "Viktor Frankl's Meaning-Seeking Model and Positive Psychology", Alexander Batthyany and Pninit Russo-Netzer eds, *Meaning in Positive and Existential Psychology* (New York: Springer, 2014), pp. 149-184.

15. Joseph Conrad, *Chance* (Oxford: Oxford University Press, 1988), p. 50.

16. William James, *The Will to Believe* (New York: Dover Publications, 1956), p. 51.

17. John Calvin, *Institutes of the Christian Religion*, III. ii, 7. 《기독교 강요》, 김대웅 옮김 (복있는사람, 2022).

18. 다음 책에서 재인용했다. Stephen Spencer, *Christ in All Things: William Temple and his Writings* (Norwich: Canterbury Press, 2015), p. 159.

19. Augustine, *De moribus ecclesiae catholicae*, xxv, 46. 마가복음 12장 29~31절을 언급한 부분에 주목하라.

20. Ian James Kidd, "Adversity, Wisdom, and Exemplarism", *Journal of Value Inquiry* 52, no. 4 (2018), pp. 379-393. 다음 책도 참고하라. Mark Wynn, *Spiritual Traditions and the Virtues: Living between Heaven and Earth* (New York: Oxford University Press, 2020), pp. 98-133.

21. 신학적·영적 적용에 관해서는 다음 책을 참고하라. Joanna Collicutt, *The Psychology of Christian Character Formation* (Norwich: SCM Press, 2015), pp. 63-72.

22. Kathryn Tanner, *Christ the Key* (Cambridge: Cambridge University Press, 2009), p. 199.

23. Marilynne Robinson, *The Death of Adam: Essays on Modern Thought* (New York: Picador, 2005), p. 240.

24. George Herbert, *The Works of George Herbert*, F. E. Hutchinson ed. (Oxford: Clarendon Press, 1945), p. 184. 연금술 이미지와 그 중요성을 다룬 다음 자료를 참고하라. Alister E. McGrath, "The Famous Stone: The Alchemical Tropes of George Herbert's 'The Elixir' in Their Late Renaissance Context", *George*

Herbert Journal 42, no. 1 & 2 (Fall 2018/Spring 2019), pp. 114-127.

25. Marilynne Robinson, *Jack* (New York: Picador, 2021), p. 209.

26. David Bentley Hart, *Atheist Delusions: The Christian Revolution and Its Fashionable Enemies* (New Haven, CT: Yale University Press, 2009), p. 171.《무신론자들의 망상》, 한성수 옮김 (한국기독교연구소, 2016).

27. Hart, *Atheist Delusions*, p. 169.《무신론자들의 망상》, 한성수 옮김 (한국기독교연구소, 2016).

28. Hart, *Atheist Delusions*, p. 174.《무신론자들의 망상》, 한성수 옮김 (한국기독교연구소, 2016).

29. 다음 책에서 인용. Ilia Delio, *Simply Bonaventure: An Introduction to His Life, Thought, and Writings* (Hyde Park, NY: New City Press, 2001), p. 112.

30. Stanley Hauerwas, "The Demands of a Truthful Story: Ethics and the Pastoral Task", *Chicago Studies* 21, no. 1 (1982), pp. 59-71. 이 인용문은 65-66쪽에 나와 있다.

31. 이 점을 우려하며 에벨링이 했던 말에 관해서는 다음을 참조하라. Gerhard Ebeling, "Schrift und Erfahrung als Quelle theologischer Ausagen", *Zeitschrift fur Theologie und Kirche* 75, no. 1 (1978), pp. 99-116.

32. Iris Murdoch, *Acastos: Two Platonic Dialogues* (Harmondsworth: Penguin, 1987), p. 61.

33. Augustine, *Confessiones*, I.i.1.《고백록》, 김성웅 옮김 (포이에마, 2014).

34. Rowan Williams, *On Augustine* (London: Bloomsbury, 2016), p. 208.《다시 읽는 아우구스티누스》, 이민희·김지호 옮김 (도서출판100, 2021).

6장 경이: 삶을 보는 시야 넓히기

1. Robert C. Fuller, *Wonder: From Emotion to Spirituality* (Chapel Hill, NC: University of North Carolina Press, 2006), p. 12.

2. Michael Mayne, *This Sunrise of Wonder: Letters for the Journey* (London:

Darton, Longman & Todd, 2008), p. 10.

3. Eberhard Busch, *Karl Barth: His Life from Letters and Autobiographical Texts* (Norwich: SCM Press, 1976), p. 244.《칼 바르트》, 손성현 옮김 (복있는사람, 2014).

4. Henry Miller, *The Colossus of Maroussi* (London: Penguin, 2016), pp. 199-200.《그리스 기행: 마루시의 거상》, 김승욱 옮김 (은행나무, 2015).

5. Albert Einstein, *Ideas and Opinions* (New York: Crown Publishers, 1954), p. 38.

6. 이를 다룬 문헌은 실로 방대하다. 경탄에 관한 관심을 불러일으킨 글로는 다음을 참조하라. Dacher Keltner and Jonathan Haidt, 'Approaching Awe: A Moral, Spiritual and Aesthetic Emotion', *Cognition and Emotion* 17 (2003), pp. 297-314.

7. C. S. Lewis, *The Last Battle* (London: HarperCollins, 2011), p. 168.《마지막 전투》, 햇살과나무꾼 옮김 (시공주니어, 2001). *The Last Battle* by C. S. Lewis copyright ⓒ C. S. Lewis Pte Ltd 1956. 저작권자의 허락을 받아 발췌 인용했다.

8. Aldous Huxley, *Brave New World Revisited* (New York: Bantam, 1960), p. 34.《다시 찾아본 멋진 신세계》, 안정효 옮김 (소담출판사, 2015).

9. Thomas Merton, *Life and Holiness* (New York: Image Books, 1963), p. 29.《삶과 거룩함》, 남재희 옮김 (생활성서사, 2002).

10. Simone Weil, *Waiting for God* (New York: Putnam's Sons, 1951), p. 111.《신을 기다리며》, 이세진 옮김 (이제이북스, 2015).

11. 다음 책에서 재인용했다. Hans Urs von Balthasar, *Cosmic Liturgy: The Universe According to Maximus the Confessor* (San Francisco, CA: Ignatius Press, 2003), p. 327.

12. Bonaventure, *Breviloquium*, II xi 2.

13. Henry Miller, *On Writing* (New York: New Directions, 1964), p. 37.

14. Denise Inge, "A Poet Comes Home: Thomas Traherne, Theologian in a New Century", *Anglican Theological Review* 86, no. 2 (2004), pp. 335-348.

15. Thomas Traherne, *Centuries* I, 27, lines 1.5, Denise Inge ed., *Thomas Traherne: Poetry and Prose* (London: SPCK, 2002), p. 3.

16. Michael Mayne, *This Sunrise of Wonder: Letters for the Journey* (London: Darton, Longman & Todd, 2008), p. 15. 강조는 원문에 있는 그대로다.

17. 자연계에 주의를 기울이는 이런 태도는 전통적으로 '자연신학'으로 알려진 논의의 형태로도 나타났다. 다음을 참조하라. Alister E. McGrath, *Re-Imagining Nature: The Promise of a Christian Natural Theology* (Oxford: Wiley-Blackwell, 2016).

18. Keltner and Haidt, "Approaching Awe", pp. 305, 310-311.

19. 다음을 창조하라. Antonio Gramsci, *Gli intellettuali e l'organizzazione della cultura* 6th edn (Milan: Giulio Einaudi Editore, 1955). 안타깝게도, 이 글을 쓰는 지금까지 아직 영역본이 나오지 않았다. 이런 생각은 1948년과 1951년 사이에 처음 출간된 옥중 수기에도 드러나 있다.

20. 내 경험에 관해서는 다음을 참조하라. Alister E. McGrath, *Through a Glass Darkly: Journeys through Science, Faith and Doubt* (London: Hodder & Stoughton, 2020), pp. 141-150. 《알리스터 맥그래스의 지성적 회심》, 홍병룡 옮김 (생명의말씀사, 2021).

21. Antonio Gramsci, *Quaderni del carcere* 4 vols (Turin: Giulio Einaudi Editore, 1975), vol. 1, p. 56.

22. 이 인용문과 더 자세한 분석은 다음을 참조하라. John Heeren, "Karl Mannheim and the Intellectual Elite", *British Journal of Sociology* 22, no. 1 (1971), pp. 1.15.

23. 다음 책에서 재인용했다. Helen Dukas and Banesh Hoffman eds, *Albert Einstein, the Human Side: New Glimpses from His Archives* (Princeton, NJ: Princeton University Press, 1979), p. 39.

24. 1954년 2월 23일에 오스트레일리아에 있는 A. 채플(A. Chapple)에게 쓴 편지. Einstein Archive 59-405.

25. Werner Heisenberg, *Die Ordnung der Wirklichkeit* (Munich: Piper Verlag, 1989), pp. 38-52. 이 인용문은 44쪽에 나와 있다.

26. Thomas G. Weinandy, *Does God Suffer?* (Notre Dame, IN: University of Notre Dame Press, 2000), p. 32.

27. Hilary of Poitiers, *De Trinitate*, II, 2.

28. 레지날드의 설명은 다음을 참조하라. Marjorie O'Rourke Boyle, "Chaff: Thomas Aquinas's Repudiation of his Opera Omnia", *New Literary History* 28, no. 2 (1997), pp. 383-399. 이 사건을 설명하는 많은 사람이 라틴어 단어 '팔레아(palea)'를 '겨(chaff)' 대신 '짚(straw)'으로 오역한다.

29. Tomáš Halík, "Church for the Seekers", Tomáš Halík and Pavel Hošek eds, *A Czech Perspective on Faith in a Secular Age* (Washington, DC: Council for Research in Values and Philosophy, 2015), pp. 127-133. 이 인용문은 128쪽에 나와 있다.

30. Tomáš Halík, *Night of the Confessor: Christian Faith in an Age of Uncertainty* (New York: Doubleday, 2012), p. 59. 《고해 사제의 밤》, 최문희 옮김 (분도출판사, 2021).

31. Tomáš Halík, *Patience with God: The Story of Zacchaeus Continuing in Us* (New York: Doubleday, 2009), p. ix. 《하느님을 기다리는 시간》, 최문희 옮김 (분도출판사, 2016).

32. Halík, *Patience with God*, p. 46. 《하느님을 기다리는 시간》, 최문희 옮김 (분도출판사, 2016).

33. Hilary of Poitiers, *De Trinitate*, II.5.

34. 다음을 참조하라. George Hunsinger, "Karl Barth's Doctrine of the Trinity, and Some Protestant Doctrines after Barth", Giles Emery and Matthew Levering eds, *The Oxford Handbook of the Trinity* (Oxford: Oxford University Press, 2012), pp. 294-313.

35. Emil Brunner, *Der Mittler: Zur Besinnung über den Christusglauben* 4th edn (Zurich: Zwingli-Verlag, 1947), pp. 243-234. 삼위일체에 대한 브루너의 접근법을 고찰한 내 글은 다음을 참고하라. Alister E. McGrath, *Emil Brunner: A Reappraisal* (Oxford: Wiley-Blackwell, 2014), pp. 50-54 and 234-237.

36. Catherine Mowry LaCugna, *God for Us: The Trinity and the Christian Life* (San Francisco, CA: HarperSanFrancisco, 1973), p. 1. 《우리를 위한 하나님》, 이세형 옮김 (대한기독교서회, 2008).

37. Catherine Mowry LaCugna, "The Practical Trinity", *Christian Century* 109, no.

22 (1992), pp. 678-682. 이 인용문은 682쪽에 나와 있다.

38. Augustine, *De Trinitate*, I.viii.18.

39. 이 우려에 관해서는 다음을 참조하라. G. E. R. Lloyd, *Disciplines in the Making: Cross-Cultural Perspectives on Elites, Learning, and Innovation* (Oxford: Oxford University Press, 2009).

40. 신학의 세분화를 비판한 영향력 있는 글은 다음을 참조하라. Edward Farley, *Theologia: The Fragmentation and Unity of Theological Education* (Philadelphia, PA: Fortress Press, 1983). 《신학 교육의 개혁》, 윤석인 옮김 (부흥과개혁사, 2020).

41. 가장 인기 있는 복음주의 저자 제임스 패커(영국 청교도 저자 존 오웬을 광범위하게 인용하는)와 존 파이퍼(미국 청교도 저자 조너선 에드워즈의 사상을 발전시킨)가 좋은 예다.

42. Ellen T. Charry, *By the Renewing of Your Minds: The Pastoral Function of Christian Doctrine* (Oxford: Oxford University Press, 1997), p. 236.

43. Pierre Hadot, *Etudes de philosophie antique* (Paris: Les Belles Lettres, 2010), pp. 207-232.

44. Sarah Coakley, *Powers and Submissions: Spirituality, Philosophy, and Gender* (Oxford: Blackwell, 2002) p. 34.

45. J. I. Packer, "An Introduction to Systematic Spirituality", *Crux* 26, no. 1 (1990), pp. 2-8.

46. C. S. Lewis, "Is Theology Poetry?", *Essay Collection & Other Short Pieces* (London: HarperCollins, 2000), pp. 10-21. [《영광의 무게》(홍성사, 2019) 5장의 "신학은 시詩인가?: 신학을 보는 관점" 참고―옮긴이]. *Essay Collection and Other Short Pieces* by C. S. Lewis copyright ⓒ C. S. Lewis Pte Ltd 2000. 저작권자의 허락을 받아 발췌 인용했다.

1. Sohrab Ahmari, *The Unbroken Thread: Discovering the Wisdom of Tradition in an Age of Chaos* (London: Hodder & Stoughton, 2021).

2. William James, *The Varieties of Religious Experience: A Study in Human Nature* (London: Longmans, Green & Co., 1911), p. 151. 《종교적 경험의 다양성》, 김재영 옮김 (한길사, 2000).

3. 이 주제를 다룬 문헌은 실로 방대하다. 입문서로는 다음 책이 도움이 될 것이다. Rowan Williams, *Being Christian: Baptism, Bible, Eucharist, Prayer* (London: SPCK, 2014). 《그리스도인이 된다는 것》, 김기철 옮김 (복있는사람, 2015); Joanna Collicutt, *The Psychology of Christian Character Formation* (Norwich: SCM Press, 2015); Michael J. Gorman, *Participating in Christ: Explorations in Paul's Theology and Spirituality* (Grand Rapids, MI: Baker Academic, 2019).

4. James K. A. Smith, *On the Road with Saint Augustine* (Grand Rapids, MI: Brazos, 2019). 《아우구스티누스와 함께 떠나는 여정》, 박세혁 옮김 (비아토르, 2020).

5. 접근 가능한 작품 중 훌륭한 예로 다음을 참조하라. Rowan Williams, *Luminaries: Twenty Lives that Illuminate the Christian Way* (London: SPCK, 2020). 《루미나리스》, 홍종락 옮김 (복있는사람, 2020).

6. 이를 공부하고 싶은 독자들은 베네딕타 워드가 '펭귄 시리즈'의 일부로 훌륭하게 번역한 다음 책을 참조하라. Benedicta Ward, *The Prayers and Meditations of Saint Anselm with the Proslogion* (Harmondsworth: Penguin, 1973).

7. 일례로 신무신론자들을 신랄하게 비판한 다음 책을 참조하라. John Gray, *Seven Types of Atheism* (London: Penguin, 2018), pp. 9-23.

✳

What's the Point
of Theology?